바로바로
통하는
여행일본어

예스북

'바로바로 통하는 여행일본어'를 쓰면서

국제화 시대에 발맞춰 해마다 많은 사람들이 가깝고도 먼 나라 일본의 문화를 체험하고자 일본여행을 떠납니다. 사람은 누구나 아는 만큼 보이고, 보이는 만큼 느끼고, 느끼는 만큼 생각하게 마련이지요. 하여 여행을 통해 얻는 경험과 지식은 젊은이들로 하여금 더 크고 원대한 꿈과 미래를 설계해 나가는 밑거름이 되어줄 것입니다.
이러한 여행을 앞두고 준비해야 할 것들이 많이 있지만 그 중 단시간에 해결되지 않는 부분이 바로 언어문제일 것입니다.
그러나 두려워하지 마십시오. 도전하는 젊은은 아름답습니다.
여행지에 대한 정보와 현지 상황을 보다 철저하게 준비해 간다면 아주 간단한 의사소통만으로도 충분히 즐거운 여행을 만끽하실 수 있습니다. 일본여행 중 만나게 되는 장면들을 현지 상황에 딱 맞게 구성하여 쉽고 간단한 문장으로 표현한 '바로바로 통하는 여행일본어'가 있으니까요.

이 책은 현지 사정과 필자의 여행 경험을 살려 꼭 필요한 문장들만 골라 담은 알짜배기 여행회화입니다. 이것저것 챙길 것도 많은 여행 준비물에 크고 두꺼운 책은 부담스럽기만 합니다. 알짜배기 회화들만 골라 담은 '바로바로 통하는 여행일본어'만 챙기십시오. 찾아보기 쉽고 바로바로 사용이 가능하도록 응용단어들도 함께 담았습니다.
기내에서, 공항에서, 호텔에서, 여행지에서 꼭 필요한 문장들이 여러분과 함께 할 것입니다.

지금 해외여행을 준비 중이신가요?
그렇다면 현지에서 쉽고 편리하게 사용할 수 있는 '바로바로 통하는 여행일본어'와 함께 하세요. 여러분의 여행이 즐거워질 것입니다.

차례

●● 여행준비　009
여권 | 비자 |

●● 생활정보　014
교통편 | 숙박시설 | 환전 | 철도패스
여행자 보험 | 지리 | 시차 | 기후
화폐 | 전압 | 전화 | 에마 | 전통의상

●● 일본문자와 오십음도　020
히라가나 | 카타카나

●● 기본표현　024
인사 | 감사 | 사과 | 부탁 | 대답 | 질문 | 되묻기

{ part 1. 기내에서 }

- 여행tip _046
- 좌석을 찾을 때 _047
- 식사와 음료 제공받을 때 _049
- 기타 서비스 요청할 때 _051
- 불편을 호소할 때 _053
- 입국카드 작성할 때 _055
  | 입국신고서 작성법 |

{ part 2. 입국 }

- 여행tip _060
- 입국 심사할 때 _061
- 짐 찾을 때 _063
- 세관 검사할 때 _065
- 환전할 때 _066
- 여행자 안내소에서 _067
- 시내로 이동할 때 _068

| 나리따(成田) 공항에서 도심지로의 교통편 |

{ part 3. 숙박 }

- 여행tip _072
- 호텔 예약할 때 _073
- 체크인할 때 _075
- 체크인·트러블 _077
- 예약을 하지 않았을 때 _078
- 룸서비스 요청할 때 _081
- 서비스 시설 이용할 때 _083
- 문제가 발생했을 때 _085
- 일정을 변경할 때 _087
- 체크아웃할 때 _088

| 호텔에서 볼 수 있는 단어 |

{ part 4. 식사 }

- 여행tip _092
- 식당을 찾을 때 _093
- 식당을 예약할 때 _096
- 자리 배정 _097
- 식사 주문할 때 _099
- 식사할 때 _102
- 패스트푸드점에서 _104
- 술집에서 _107
- 계산할 때 _109
  |음식|

{ part 5. 교통 }

- 여행tip _112
- 길을 물을 때 _113
- 버스를 이용할 때 _116
- 지하철을 이용할 때 _120
- 기차를 이용할 때 _124
- 택시를 이용할 때 _126
- 렌터카를 이용할 때 _129
- 주유소에서 _132

{ part 6. 관광 }

- 여행tip _134
- 관광안내소에서 _135
- 자전거를 빌릴 때 _138
- 표를 구입할 때 _139
- 관람할 때 _141
- 사진을 찍을 때 _143

{ part 7. 쇼핑 }

- 여행tip _146
- 상점을 찾을 때 _147
- 물건을 찾을 때 _149
- 물건을 고를 때 _151
- 면세점에서 _159
- 물건을 계산할 때 _160
- 포장·배송을 원할 때 _162
- 교환·반품을 원할 때 _163

{ part 8. 통신 }

- 여행tip _166
- 전화 _167
- 우편 _171
- 인터넷 _173

| 통신 |

{ part 9. 트러블 }

- 여행tip _176
- 분실·도난당했을 때 _177
- 교통사고가 났을 때 _179
- 병원에서 _182
- 약국에서 _184

| 증상 |

{ part 10. 귀국 }

- 여행tip _188
- 예약을 확인할 때 _189
- 예약을 변경할 때 _190
- 탑승수속 _191

"바로바로 단어사전" 193

여·행·준·비

🌀 여권

　　해외여행을 하기 위해서 가장 먼저 준비해야 할 일은 신분과 국적을 나타내는 증명서인 여권을 발급받는 일이다. 여권에는 여러 종류가 있는데 일반인들이 쉽게 만들 수 있는 일반여권은 단수여권과 복수여권이있다. 일반 복수여권은 유효기간이 5년인 것과 10년인 것으로 이루어져 있는데, 그 기간 동안 횟수에 제한 없이 외국여행을 할 수 있다. 일반 단수여권은 유효기간이 1년이며, 1회에 한하여 외국여행을 할 수 있다. 여권 신청은 원칙적으로 본인이 직접 해야 한다. 우리나라는 2008년 8월부터 전자여권제도를 시행하고 있다.

우리나라는 2008년 8월부터 전자여권제도를 시행하고 있다.

　　　　　전자여권 앞표지　　　　　　　　전자여권 뒤표지

여행준비 9

- **구비서류 :**
  여권발급신청서, 여권용 사진 1매 (3.5cm x 4.5cm, 6개월 이내에 촬영한 칼라 사진) 신분증
- **여권발급신청서 기재사항 :**
  본인의 성명(한글, 한자, 영문), 주민등록번호, 연락처, 현주소, 등록기준지(본적지), 국내 긴급연락처, 법정대리인의 인적사항(만 18세 미만의 경우) 등
- **발급비용 :**
  복수여권 55,000원(10년)과 47,000원(5년) 선택, 단수여권 20,000원, 유효기간 연장 25,000원(전자여권기준)
- **발급소요기간 :** 3~7일
- **신청과 발급 :**
  신청 : 여권사무 대행기관(지방자치단체)
  발급 : 한국조폐공사에서 제작 후 여권사무 대행기관을 통해 배부
  여권사무 대행기관 연락처 :
  외교통상부 http://www.0404.go.kr/index.jsp참조
- **기타 주의 할 사항 :**
  대리인을 통한 여권 신청이 가능한 경우
  의전상 사유 : 대통령(전·현직), 국회의장, 대법원장, 헌법재판소장 및 국무총리
  의학적 사유 : 본인이 직접 신청할 수 없을 정도의 신체적·정신적 질병, 장애나 사고 등이 있는 경우 (반드시 의사의 진단서 또는 소견서 제출, 장애인증 및 국가유공자증 등으로 대신할 수 없음)
  연령 : 18세 미만의 사람

의학적 사유 또는 연령으로 인하여 대리 신청을 하는 경우에 대리인이 될 수 있는 사람의 범위는 다음과 같다.
- 친권자, 후견인 등 법정대리인
- 배우자
- 본인이나 배우자의 2촌 이내 친족으로서 18세 이상인 사람

● **군복무를 마치지 아니한 남자의 경우 :**
군복무를 마치지 아니한 남자가 국외 여행을 할 경우 거주지 병무청장의 허가가 필요하다. 따라서 18세 이상 35세 이하 남자의 경우(군 미필자 및 군복무를 마치지 아니한 자)에는 국외여행허가서(25세 이상 35세 이하)와 기타 병역 관계 서류를 요구한다.

병무청 홈페이지 www.mma.go.kr를 통하여 신청이 가능하다.

⊕ 비자

비자는 입국하려는 국가의 재외 공관이 발행하는 입국허가증이다. 다음은 현재 우리나라 사람들이 비자 없이 입국 가능한 나라들이다.

구분	가능한 나라
아시아 (11개국)	동티모르(외교·관용), 마카오(90일), 라오스(15일), 몽골(최근 2년 이내 4회, 통산 10회 이상 입국자에 한함), 베트남(15일), 브루나이, 인도네시아(외교·관용·14일), 일본(90일), 대만, 필리핀(21일), 홍콩(90일)
아메리카 (9개국)	미국(90일), 캐나다(6개월), 가이아나, 아르헨티나(90일), 에콰도르(90일), 온두라스(90일), 우루과이, 파라과이, 북마리아나연방(1개월)
유럽 (15개국)	사이프러스(90일), 산마리노(9일), 세르비아(90일), 모나코(90일), 몬테네그로(90일), 슬로베니아(90일,쉥겐국), 크로아티아(90일), 안도라(90일), 보스니아·헤르체고비나(90일), 우크라이나(90일), 그루지야(90일), 코소보(90일), 마케도니아(1년중 누적 90일), 알바니아(90일), 영국(최대 6개월)
오세아니아 (11개국)	괌(45일/VWP 90일), 바누아투(1년내 120일), 사모아(60일), 솔로몬군도(1년내 90일), 통가, 팔라우, 피지(4개월), 마샬군도, 키리바시, 마이크로네시아, 투발루, 아프리카·중동
아프리카·중동 (6개국)	남아프리카공화국, 모리셔스(16일), 세이쉘, 오만, 스와질랜드(60일), 보츠와나(90일)

외교통상부 자료

우리나라와 일본 사이에는 사증면제 협정이 체결되었다. 따라서 일반여권을 소지한 한국인이 90일 이내의 단기체재를 목적으로 일본에 입국하고자 하는 경우에 비자를 받지 않아도 된다.

| 일본영사관 |
http://www.kr.enb-japen.go.jp

생·활·정·보

교통편

　　　　일본여행을 결심하고 일정이 정해졌다면 곧바로 항공 티켓 예약에 나서는 것이 좋다. 빠르면 3개월 전부터, 늦어도 1달 전에는 항공권 예약을 해두는 것이 좋다. 특히 방학을 이용해 일본여행을 떠나는 배낭여행자들이라면 항공권 예약을 늦어도 2개월 전에는 해두는 것이 좋다. 항공권의 가격은 회사별, 기간별로 차이가 많이 나므로 일본전문 여행사를 이용하는 편이 저렴하다. 또한 항공권의 가격은 발권임을 기준으로 결정되므로 비수기에 예약을 해도 성수기에 항공요금이 인상되면 인상된 요금이 적용된다. 그러므로 발권시기도 잘 결정해야 한다.

항공권 구입이 여의치 않을 때에는 선박을 이용할 수도 있다. 부산-후쿠오카를 왕복하는 초고속 제트호인 코비호(2시간 55분 소요), 그리고 카멜리아호(12시간 소요), 부산-시모노세키 구간을 왕복하는 부관페리호(12시간 소요), 부산-오사카를 왕복하는 팬스타 페리호도 있으니 참고하도록 하자.

숙박시설

　　　　숙박시설은 여행 전에 미리 예약을 해두는 것이 좋다. 일본에는 다양한 숙박시설이 있다. 여러 명과 함께 방을 써야 하는 단점이 있긴 하지만 저렴한 가격 때문에 배낭 여행자들이 주로 이용하는 유스호스텔은 3,000~3,500엔(4~6인실 기준), 민박은 4,000엔 정도의 가격부터 다양하게 있다. 도쿄와 오사카 등의 대도시에는 재일교포들이 운영하는 민박집이 많이 있는데 시설이나 서비스 면에서 차이가 많이 나므로 사전에 충분한 정보를 수집한 후 결정하는 것이 좋다. 이외에 깨끗한 캡슐 호텔(3,000엔~5,000엔), 아침식사를 제공하는 비즈니스 호텔(5,000엔~10,000엔) 등을 이용하거나, 여유가 있다면 일본인의 전통의 생활양식을 경험할 수 있는 료칸(旅館)을 이용하는 것도 괜찮다.

환전

환전은 시중 은행이나 농협 등의 금융기관에 여권을 가지고 가면 환전이 가능하다. 환율은 외환 환율고시표에서 엔화의 현찰매도란의 금액을 확인하면 된다. 여의치 않은 경우 공항에서도 환전이 가능하므로 반드시 미리 환전을 해야 하는 것은 아니다. 환전은 1,000엔, 5,000엔, 1만엔짜리 지폐를 섞어서 환전하는 것이 좋다.

참고로 환전 업무의 전면 개방으로 인해 시중 은행들이 환전 수수료 인하경쟁을 벌이고 있어 조금만 부지런히 정보를 찾는다면 환전 수수료 할인이나 환율 우대쿠폰 등을 이용하여 조금 더 유리한 조건으로 환전을 할 수도 있다.

🔘 철도패스

　　교통비에 관한 한 세계에서 제일 비싼 나라가 바로 일본이다. 따라서 교통비를 아끼려면 일본의 철도회사들이 외국인 여행자들에게만 판매하는 철도패스를 구입하는 것이 좋다. 현재 국내에서 구입할 수 있는 일본 철도패스의 종류는 일본 전역에서 사용 가능한 JR 규슈레일 패스, JR 이스트 패스, JR웨스트 패스 등이 있다. 이밖에 일본에서만 구입할 수 있는 세이슌 18(青春 18) 티켓과 슈우켄 등이 있다. 따라서 각 패스의 장단점을 고려하여 자신에게 맞는 철도 패스를 구입하면 된다.

🔘 여행자보험

　　해외여행을 떠나는 이들이 겪을 수 있는 불의의 사고에 대비해 여행기간에 한정해 가입하는 보험이다. 각 보험 상품은 보상 한도액과 여행기간에 따라 가격이 달라진다. 인터넷을 통해서도 가입할 수 있고, 여행을 떠나기 전 공항에 있는 보험사 창구에서 바로 가입도 가능하다. 여행자 보험의 경우 대개 1만원 안팎부터 다양한 상품들이 있으므로 만일의 경우에 대비해 가입을 해두는 것이 좋다.

🔘 지리

　　동북아시아에 위치한 일본은 남북으로 3,000km에

걸쳐 길게 늘어져 있다. 4개의 주요섬과 4,000여개 이상의 작은 섬으로 이루어진 섬나라로 주요섬은 혼슈(本州), 시꼬꾸(四國), 규슈(九州)와 홋까이도(北海道)이다. 총면적은 약 38만㎢로 거의 대부분은 산지로 이루어져 있다.

시차

일본과 우리나라는 시간대가 동일하므로 시차가 거의 없다.

기후

일본의 기후는 우리나라와 거의 유사하다. 하지만 4개의 섬이 남북으로 길게 위치해있기 때문에 일본열도의 북쪽에 위치한 홋카이도 지방은. 여름에는 비가 적고 겨울에는 눈이 많이 내린다. 수도인 동경이 잇는 혼슈지방은 연평균 기온이 14도 정도로 서울과 비슷하다.

화폐

일본의 화폐단위는 엔(￥)이다 동전은 1, 5, 10, 50, 100, 500엔의 6종류가 있고, 지폐는 1천, 2천, 5천, 1만엔 4종류가 있으나 2천엔짜리 지폐는 거의 통용되지 않는다. 또한 물건을 살 때에는 반드시 5%의 특별소비세가 부과되므로 1엔짜리 동전도 쓸 기회가 많다.

🔘 전압

일본 공통적으로 가정용 전류는 110V이다. 주요도시의 대형호텔에서는 110V용 한국산 전기제품도 사용할 수 있지만 사용 전에는 반드시 확인 필요하다.

🔘 전화

일본의 공중전화는 초록색, 붉은색, 회색 등 다양한 종류의 전화기가 있다. 동전이나 전화카드를 사용할 수 있으며, 시내 전화의 기본요금은 10엔이다. 그러나 국제전화는 별도의 전용 전화기를 이용해야 한다. 전화기에 국제전화(國際電話)용이라는 표시가 크게 붙어있기 때문에 쉽게 구별할 수 있다. 일본에서 서울 123-4567할 경우 001-82-2-123-4567로 걸면 된다. 001(혹은 0041이나 061)은 국제전화식별번호로 우리나라와 같고, 82는 국가번호, 2는 서울지역번호인데 '0'은 누르지 않는다. 참고로 신변의 우급한 상황이 닥쳤을 때 한국정부의 도움을 받을 수 있는 외교통상부의 영사 콜센터는 001-010-800-2100-040(직통), 또는 00539-821-0(한국인 교환원)이다.

🟠 에마

흔히 신사에 가면 나무판 위에 소원을 적어 매달아 놓은 것을 볼 수 있는데, 본래에는 소원을 빌면서 말을 신사나 절에 바치던 것을 후에 마구간을 나타내는 나무판에 말을 그려서 대신하게 된 것이라 하여 이것을 에마(絵馬)라고 한다. 현재는 다양한 형태의 모양과 그림을 볼 수 있다.

🟤 전통의상

일본의 전통의상인 '기모노'는 주로 성인식이나 특별한 날에만 입는다. 그 외에 평상복으로 가볍게 입고 다니는 '유카타'는 온천 등지에서 많이 볼 수 있는 일본 고유의 의상이다.

일본문자와 오십음도

일본어는 히라가나와 카타카나, 한자로 구성되어 있다. 기본문자는 히라가나이고, 카타카나는 주로 외래어나 의성어, 의태어, 동식물 명칭 또는 전보문이나 강조를 위해서도 사용된다.
일본문자를 행(行)과 단(段)으로 나누어 표로 배열한 것을 오십음도(五十音図)라 한다.

| 일본어 발음 |

일본어 발음은 청음(淸音), 탁음, 반탁음, 요음, 발음, 촉음, 장음 등의 7가지 형태가 있다.

1. 청음(淸音)
   맑게 소리 나는 음으로 오십음도에서 ん을 제외한 모든 음을 말한다.
2. 탁음(濁音)
   청음에 비해 탁한 소리를 뜻하며, か・さ・た・は행의 오른쪽 윗부분에 탁점「゛」이 붙은 음을 말한다. 탁점이 붙은 が 개[ga]・ざ 재[za]・だ 대[da]・ば 배[ba]로 발음된다.
3. 반탁음(半濁音)
   は행의 ぱ・ぴ・ぷ・ぺ・ぽ뿐이며, 오른쪽 윗부분에 반탁점「゜」을 붙인 음을 말한다. 말머리에서는 [ㅍ]음이

되지만, 말 중간이나 말끝에 나오면 [ㅃ]발음이 된다.
4. 요음(拗音)
 い단의 자음인 き・し・ち・に・ひ・み・り・ぎ・じ・ぢ・び・ぴ 에 [や, ゆ, よ]를 작게 붙인 것이다.
5. 발음(撥音)
 [ん]이 우리말의 받침처럼 사용되는 것으로 뒤에 오는 글자에 따라 [ㅁ, ㄴ, ㅇ] 등으로 발음된다.
6. 촉음
 [つ]를 작게 써서 우리말의 받침처럼 사용하는 것이다. 뒤에 오는 글자에 따라 [ㄱ, ㅅ, ㅂ, ㄷ] 등으로 발음된다.
7. 장음
 같은 모음이 중복될 때, 뒤에 오는 모음을 별도로 발음하지 않고 길게 늘여서 발음하는 것을 말한다.

히라가나

	あ段	い段	う段	え段	お段
あ行	あ 아 [a]	い 이 [i]	う 우 [u]	え 에 [e]	お 오 [o]
か行	か 카 [ka]	き 키 [ki]	く 쿠 [ku]	け 케 [ke]	こ 코 [ko]
さ行	さ 사 [sa]	し 시 [si]	す 스 [su]	せ 세 [se]	そ 소 [so]
た行	た 타 [ta]	ち 치 [ti]	つ 츠 [tu]	て 테 [te]	と 토 [to]
な行	な 나 [na]	に 니 [ni]	ぬ 누 [nu]	ね 네 [ne]	の 노 [no]
は行	は 하 [ha]	ひ 히 [hi]	ふ 후 [hu]	へ 헤 [he]	ほ 호 [ho]
ま行	ま 마 [ma]	み 미 [mi]	む 무 [mu]	め 메 [me]	も 모 [mo]
や行	や 야 [yu]		ゆ 유 [yu]		よ 요 [yo]
ら行	ら 라 [ra]	り 리 [ri]	る 루 [ru]	れ 레 [re]	ろ 로 [ro]
わ行	わ 와 [wa]				を 오 [wo]

ん行	ん 응 [ŋ]

🔘 가타카나

	ア段	イ段	ウ段	エ段	オ段
ア行	ア 아[a]	イ 이[i]	ウ 우[u]	エ 에[e]	オ 오[o]
カ行	カ 카[ka]	キ 키[ki]	ク 쿠[ku]	ケ 케[ke]	コ 코[ko]
サ行	サ 사[sa]	シ 시[si]	ス 스[su]	セ 세[se]	ソ 소[so]
タ行	タ 타[ta]	チ 치[ti]	ツ 츠[tu]	テ 테[te]	ト 토[to]
ナ行	ナ 나[na]	ニ 니[ni]	ヌ 누[nu]	ネ 네[ne]	ノ 노[no]
ハ行	ハ 하[ha]	ヒ 히[hi]	フ 후[hu]	ヘ 헤[he]	ホ 호[ho]
マ行	マ 마[ma]	ミ 미[mi]	ム 무[mu]	メ 메[me]	モ 모[mo]
ヤ行	ヤ 야[yu]		ユ 유[yu]		ヨ 요[yo]
ラ行	ラ 라[ra]	リ 리[ri]	ル 루[ru]	レ 레[re]	ロ 로[ro]
ワ行	ワ 와[wa]				ヲ 오[wo]

ン行	ン 응[ŋ]

일본문자와 오십음도

인사

안녕하십니까?(아침)
Good morning.

おはようございます。
오하요- 고자이마스

안녕
Hi. Hello.

おはよう。
오하요-

안녕하십니까?(낮)
Good afternoon.

こんにちは。
곤니찌와

안녕하십니까?(저녁)
Good evening.

こんばんは。
곰방와

인사

안녕히 주무세요.
Good night.

おやすみなさい。
오야스미나사이

잘 자.
Good night.

おやすみ。
오야스미

오랜만입니다.
Long time no see.

お久しぶりです。
오히사시부리데스

잘 지내시죠?
How are you?

お元気ですか。
오겡끼데스까

인사

네, 덕분에요.
Fine, thanks.

おかげさまで、元気です。
오까게사마데 겡끼데스

처음 뵙겠습니다.
How do you do?

はじめまして。
하지메마시떼

만나서 기쁩니다.
Nice to meet you.

お会いできて うれしいです。
오아이데끼떼 우레시-데스

저는 김(민수)입니다.
I'm Kim Min-su.

わたしは 金です。
와따시와 기무데스

인사

저는 한국에서 왔습니다.
I'm from Korea.

わたしは 韓国から きました。
와따시와 강꼬꾸까라 기마시따

저는 한국인입니다.
I'm Korean.

わたしは 韓国人です。
와따시와 강꼬꾸징데스

잘 부탁합니다.
Pleased to meet you.

どうぞ よろしく お願いします。
도-조 요로시꾸 오네가이시마스

저야말로 잘 부탁드리겠습니다.
Pleased to meet you, too.

こちらこそ よろしく お願いします。
고찌라고소 요로시꾸 오네가이시마스

인사

내일 또 만나요.
See you tomorrow.

また、明日(あした)会(あ)いましょう。

마따 아시따아이마쇼-

또 뵙겠습니다.
I'll be seeing you again.

また お目(め)にかかります。

마따 오메니가까리마스

또 만납시다.
See you again.

また お会(あ)いしましょう。

마따 오아이시마쇼-

또 봐.
See you.

じゃあね！

쟈-네

인사

안녕히 가세요. 잘 가.
Good bye.

さようなら。

사요 - 나라

어서 오세요.
Please come in.

いらっしゃいませ。

이랏샤이마세

기운 내요!
Cheer up!

元気だして。
げん き

겡끼다시떼

용기를 내요!
Keep it up!

勇気を だして。
ゆう き

유 - 끼오 다시떼

감사

고맙습니다.
Thank you.

ありがとうございます。
아리가또 - 고자이마스

고마워.(고마워요)
Thanks.

ありがとう。
아리가또 -

대단히 고맙습니다.
Thank you very much.

本当に ありがとうございます。
ほんとう
혼또 - 니 아리가또 - 고자이마스

수고하셨습니다.
Thank you for your trouble.

おつかれさまでした。
오쯔까레사마데시따

감사

천만에요.
Not at all.

どういたしまして。
도 - 이따시마시떼

잘 먹었습니다.
Thank you for a good meal.

ごちそうさまでした。
고찌소 - 사마데시따

친절에 감사드립니다.
Thank you for your kindness.

ご親切にどうも。
고신세쯔니도 - 모

오늘 즐거웠습니다.
I've had a happy day.

今日は たのしかったです。
쿄 - 와 다노시깟따데스

사과

미안합니다.
I'm sorry.

すみません。
스미마셍

괜찮습니다.
That's all right.

いいですよ。
이-데스요

죄송합니다.
I'm sorry.

ごめんなさい。
고멘나사이

실례하겠습니다.
Excuse me.

しつれい
失礼します。
시쯔레-시마스

사과

실례했습니다.
Sorry.
失礼しました。
시쯔레-시마시따

용서해 주세요.
Please forgive me.
許してください。
유루시떼구다사이

늦어서 죄송합니다.
I'm sorry I'm late.
遅くなって、すみません。
오소꾸낫떼 스미마셍

신세 많이 졌습니다.
I'm very much obliged to you.
お世話になりました。
오세와니나리마시따

사과

괜찮습니다.
That's all right.

大丈夫です。
だいじょうぶ

다이죠-부데스

폐 끼쳐 드려서 죄송합니다.
I'm sorry to trouble you.

迷惑かけて すみません。
めいわく

메-와꾸까께떼 스미마셍

방해가 되고 있네요.
Excuse me for interrupting.

お邪魔しています。
じゃま

오쟈마시떼이마스

신경 쓰지 마세요.
Never mind.

気にしないで ください。
き

기니시나이데 구다사이

부탁

실례합니다.
Excuse me.

すみません。
스미마셍

부탁합니다.
Please.

どうぞ。
도 - 조

부탁이 있습니다.
I have a favor to ask you.

お願いが あります。
오네가이가 아리마스

서둘러 주세요.
Please Hurry up!

急いでください。
이소이데구다사이

기본표현 35

부탁

잠깐만 기다려 주세요.
Just a minute, please.

ちょっと 待ってください。
좃또 맛떼구다사이

전화를 좀 사용하고 싶은데요.
May I use your telephone?

電話を 借りたいんですが。
뎅와오 가리따인데스가

담배를 피워도 괜찮을까요?
Do you mind if I smoke?

たばこを すってもいいですか。
다바꼬오 슷떼모이-데스까

물론이지요.
Of course.

もちろんです。
모찌론데스

대답

네. / 아니오.
Yes. / No.

はい。 / いいえ。
하이　　　이-에

그렇습니까?
Really?

そうですか。
소-데스까

네. 그렇습니다.
Yes, it is.

はい。そうです。
하이 소-데스

아니오. 그렇지 않습니다.
No, it isn't.

いいえ。違います。
이-에 치가이마스

대답

알겠습니다.
I understand.

わかりました。
와까리마시따

잘 모르겠습니다.
I don't know.

よく わかりません。
요꾸 와까리마셍

그렇군요.
I see.

そうですね。
소 – 데스네

아니오, 괜찮습니다(됐습니다).
No, thank you.

けっこうです。
겟꼬 – 데스

질문

어디 출신입니까?
Where are you from?

出身は どちらですか。
しゅっしん

슛싱와 도찌라데스까

성함이 어떻게 되십니까?
What's your name?

お名前は 何ですか。
なまえ　　なん

오나마에와 난데스까

이것은 무엇입니까?
What's this?

これは 何ですか。
なん

고레와 난데스까

여기는 어디입니까?
Where is it?

ここは どこですか。

고꼬와 도꼬데스까

질문

화장실은 어디입니까?
Where's the rest room?

トイレは どこですか。
토이레와 도꼬데스까

버스정류장은 어디에 있습니까?
Where's the bus stop?

バス停は どこに ありますか。
바스떼-와 도꼬니 아리마스까

이것은 얼마입니까?
How much is it?

これは いくらですか。
고레와 이꾸라데스까

요금은 얼마입니까?
How much is the fare?

運賃は いくらですか。
운찡와 이꾸라데스까

질문

몇 번 버스를 타면 됩니까?
What number bus should I take?

何番の バスに 乗れば いいですか。
なんばん　　　　　　　の

남반노 바스니 노레바 이-데스까

버스는 몇 분마다 있습니까?
How often do the buses run?

バスは 何分ごとに ありますか。
　　　　なんぷん

바스와 남뿡고또니 아리마스까

몇 번 홈에서 타면 됩니까?
Which line should I take?

何番ホームで 乗れば いいですか。
なんばん　　　　　の

남반호-무데 노레바 이-데스까

몇 시입니까?
What time is it?

何時ですか。
なんじ

난지데스까

되묻기

뮈라고 하셨습니까?
What did you say?

何と おっしゃいましたか。
난또 옷샤이마시따까

뮈라고요?
What?

何ですって。
난데슷떼

미안하지만 한 번 더 말씀해 주세요.
Sorry. Please repeat it again.

すみません。もう一度 言ってください。
스미마셍 모-이찌도 잇떼구다사이

그 말이 무슨 뜻이죠?
What do you mean by that?

どんな 意味ですか。
돈나 이미데스까

되묻기

(무슨 말씀이신지) 잘 모르겠습니다.
I don't understand.

ちょっと わかりませんでした。
촛또 와까리마셍데시따

좀더 천천히 말씀해 주시겠어요?
Can you speak more slowly?

もう ちょっと ゆっくり 言ってください。
모- 촛또 윳꾸리 잇떼구다사이

좀 크게 말씀해 주세요.
Speak up, please.

もう ちょっと おおきな 声で 言ってください。
모- 촛또 오-끼나 고에데 잇떼구다사이

알아듣질 못했습니다.
I didn't quite catch that..

聞き取れませんでした。
기끼또레마셍데시따

되묻기

잘 안 들립니다.
I can't hear you.

よく 聞こえません。
요꾸 기꼬에마셍

여기에 좀 써 주십시오.
Please write it down here.

ここに 書いてください。
고꼬니 가이떼구다사이

私の 席は どこですか。
　　　おかわり できますか。
通らせて いただけますか。

여행 TIP

●● 해외여행을 할 때 항공편은 출발 2시간 전까지, 배편은 출발 3시간 전까지 도착하여 탑승수속을 해야 한다. 공항의 체크인 카운터는 항공사마다 다르기 때문에 자신이 예약한 항공사의 카운터를 찾아가 항공권을 발권 받고 수하물 수속을 한다. 탑승게이트와 탑승시간을 확인한 후 자유롭게 시간을 보내다가 시간에 맞춰서 해당 게이트 앞으로 오면 된다.

●● 기내에 들어서면 탑승권에 적힌 지정좌석을 찾는다. 잘 모를 때는 승무원에게 티켓을 보여주면 친절하게 안내해 준다. 국내항공을 이용할 경우에는 상관없지만 일본 항공사를 이용할 경우 기내에 들어서면서부터 일본어로 안내를 받게 된다. 주요한 내용은 한국어와 중국어로 동시에 안내되기도 하지만 대부분의 일본 승무원들은 한국어를 알아듣지 못하므로 기본적인 표현은 외워두는 것이 좋다.

●● 기내에서는 안내에 따라 휴대폰과 컴퓨터 등의 전원을 끄고 안전벨트를 착용한다. 안내 표시등이 꺼지면 안전벨트를 풀 수 있고 자리 이동도 가능하다. 참고로 국내항공은 물론 외국항공사의 경우도 대부분 기내 흡연을 금지하고 있으므로 화장실 등에서 몰래 흡연행위를 하다가 적발되어 처벌을 받지 않도록 각별히 유의하자.
한-일 노선의 경우 기내에서 1회의 식사와 음료(주류 포함)와 그밖에 신문, 잡지, 이어폰 등이 제공된다.

※ 좌석을 찾을 때

:: 제 좌석은 어디입니까?
Where's my seat?

私の 席は どこですか。

와따시노 세끼와 도꼬데스까

:: 자리를 찾고 있습니다.
I'm looking for my seat.

座席を さがしているんですが。

자세끼오 사가시떼이룬데스가

:: 24B 좌석은 어디입니까?
Where is seat 24B?

24Bの 席は どこですか。

니쥬-온비노세끼와 도꼬데스까

:: 이쪽으로 오십시오.
This way, please.

こちらへ どうぞ。

고찌라에 도-조

:: 우측 통로편 좌석입니다.
It's right over there on the aisle.

右の 通路側の 席です。

미기노 츠-로가와노 세끼데스

왼쪽
左
히다리
창측
窓側
마도가와

기내에서 47

❖ 좌석을 찾을 때

:: 지나가도 되겠습니까?
Can I pass?

通らせていただけますか。
도-라세떼이따다께마스까

:: 여긴 제 자리인 것 같은데요.
I think this is my seat.

ここは、わたしの 席なんですが。
고꼬와 와따시노 세끼난데스까

:: 의자를 뒤로 젖혀도 될까요?
May I put my seat back?

いすを 後ろに 倒しても いいですか。
이스오 우시로니 다오시떼모 이-데스까

:: 안전벨트를 매 주십시오.
Please fasten your seat belt.

シートベルトを お締めください。
시-또베루또오 오시메구다사이

:: 탑승권을 보여주십시오.
May I see your boarding pass, please?

搭乗券を 見せてください。
도-죠-껭오 미세떼구다사이

식사와 음료 제공받을 때

기내에서

:: 음료 드시겠습니까?
Would you like to drink?

飲(の)み物(もの)、いかがですか。
노미모노 이까가데스까

:: 와인 있습니까?
Do you have wine?

ワインは ありますか。
와잉와 아리마스까

:: 물 한잔 주세요.
A glass of water, please.

お水(みず)を 一杯(いっぱい) ください。
오미즈오 입빠이 구다사이

:: 커피 주세요.
Coffee, please.

コーヒー ください。
코-히- 구다사이

:: 한 잔 더 주실 수 있습니까?
Can I have another one?

おかわり できますか。
오까와리 데끼마스까

맥주
ビール
비-루

주스
ジュース
쥬-스

콜라
コーラ
코-라

우유
牛乳(ぎゅうにゅう)
규-뉴-

기내에서 49

식사와 음료 제공받을 때

:: **기내식은 언제 나옵니까?**
What time do you serve the meal?

機内食はいつ出ますか。
기나이쇼꾸와 이쯔데마스까

:: **식사는 됐습니다.**
I don't feel like eating dinner.

食事は 結構です。
쇼꾸지와 겍꼬데스

:: **식사는 마치셨습니까?**
Have you finished?

食事は お済みですか
쇼꾸지와 오스미데스까

:: **네, 잘 먹었습니다.**
Yes, I enjoy it.

はい。ごちそうさま。
하이 고찌소-사마

:: **아뇨, 아직..**
Not yet.

いいえ、まだ..
이-에 마다

✿ 기타 서비스 요청할 때

기내에서

:: 저, 여기요.
Excuse me.

あのー、すみません。
아노- 스미마셍

:: 치워주시겠어요?
Clear the table, please.

さげて もらえますか。
사게떼 모라에마스까

:: 한국어 신문 있습니까?
Do you have a Korean language newspaper?

韓国語の 新聞は おいてありますか。
강꼬꾸고노 심붕와 오이떼아리마스까

잡지
雑誌
잣시

:: 담요 좀 부탁합니다.
May I have a blanket, please?

毛布を お願いします。
모-후오 오네가이시마스

메모지
メモ用紙
메모요-시
펜
ペン
펭

:: 곧 갖다드리겠습니다.
I'll bring one right away.

すぐお持ちします。
스구오모찌시마스

기내에서 51

❖ 기타 서비스 요청할 때

:: 화장실은 어디입니까?
Where is the rest room?

トイレは どちらですか。
토이레와 도찌라데스까

:: 좌석을 바꿀 수 있을까요?
Could I change my seat?

席を 変えられますか。
세끼오 가에라레마스까

:: 도착까지 어느 정도 걸립니까?
How long will it take to arrive?

到着まで どれくらい かかりますか。
도-쨔꾸마데 도레꾸라이 가까리마스까

:: 비행은 예정대로입니까?
Is this flight on schedule?

フライトは 時間 どおりですか。
후라이또와 지깐 도-리데스까

:: 이것은 유료입니까?
Is there any charge for this?

これは お金が かかりますか。
고레와 오까네가 가까리마스까

불편을 호소할 때

기내에서

:: 이어폰이 고장 났습니다.
This earphone is broken.

イヤホンは 故障しています。
이야홍와 고쇼- 시떼이마스

:: 속이 울렁거리는데요.
I feel like throwing up.

吐き気が するんですが。
하끼께가 스룬데스가

:: 비행기 멀미약 있습니까?
Do you have a medicine for airsickness?

飛行機酔いの 薬は ありますか。
히꼬-끼요이노 구스리와 아리마스까

:: 에티켓 봉지 있습니까?
Do you have an airsickness bag?

エチケット袋は ありますか。
에치켓또부꾸로와 아리마스까

:: 열이 납니다.
I have a fever.

熱が あります。
네쯔가 아리마스

불편을 호소할 때

:: 현기증이 납니다.
I feel dizzy.

めまいが します。
메마이가 시마스

:: 두통이 있는데요.
I have a headache.

頭痛が するんですが。
즈쯔-가 스룬데스가

:: 약 좀 얻을 수 있을까요?
Can I have some medicine?

薬 もらえますか。
구스리 모라에마스까

:: 좀 추운데요.
I feel chilly.

ちょっと さむいのですが。
좃또 사무이노데스가

:: 몸이 좀 불편합니다.
I feel a little sick.

少し気分が 悪いのです。
스꼬시 기붕가 와루이노데스

∷ 입국카드 작성할 때

기내에서

∷ **입국카드를 작성해 주세요.**
Please, fill out the immigration form.

入国カードを 書いてください。
뉴꼬꾸카－도오 가이떼구다사이

∷ **작성법을 가르쳐 주십시오.**
Please tell me how to fill in this form.

書き方を 教えてください。
가끼까따오 오시에떼구다사이

∷ **작성한 카드를 봐 주시겠습니까?**
Will you check it?

書いたカードを 見てもらえますか。
가이따카－도오 미떼모라에마스까

∷ **이렇게 쓰면 되나요?**
Is it O.K?

こう 書いたら いいですか。
고－ 가이따라 이－데스까

∷ **입국카드 한 장 더 주세요.**
May I have another card?

入国カード もう一枚 ください。
뉴꼬꾸카－도 모－ 이찌마이 구다사이

입국신고서 작성법

식사가 끝나면 기내에서는 일본입국을 위한 입국신고서를 나누어 준다. 일본 출입국 신고서는 한 번 작성으로 출입국시 동시에 사용 가능하도록 좌측 출국신고서와 우측 입국신고서가 하나로 구성되어 있다.
아래 그림은 일본 출입국신고서의 입국신고서 부분(우측)을 표시한 것이다.

양식은 우리나라의 출입국 신고서와 거의 동일하기 때문에 샘플을 보면 쉽게 작성할 수 있다. 성명(한자영문), 국적, 생년월일, 성별, 주소, 직업, 일본내 체류지, 여권번호, 입국편명, 일본 체류기간, 출발지, 방문목적, 서명을 영문이나 한자로 작성하면 된다. 작성한 입국카드는 일본도착 후 입국심사시 제출한다.

출입국 카드의 서명란에는 반드시 여권에 한 것과 똑같은 서명을 하도록 하고, 특히 일본 방문의 목적과 숙박지의 주소를 명확하게 기록해야 한다. 정확히 적지 않으면 이것저것 질문이 많아지고 최악의 경우 강제출국 조치가 떨어질 수도 있다.

 입국신고서

```
Name  氏名  성명                    Family names  氏  성
Givens names  이름                  Nationalty  国籍  국적
Day, Month, Year  生年月日  생년월일
Male, Female  男, 女  남, 여
Home address  住所  현주소
Occupation  職業  직업
Address in Japan  日本の連絡先  일본의 연락처
Passport No.  旅券番号  여권번호
Flight No.Vessel  航空機便名・船名  항공기 편명・선명
Fort of Embarkation  乗機地  탑승지
Purpose of visit  渡航目的  여행목적
Signature  署名  서명
Entered Length of stay in Japan  日本滞在予定期間  일본체재예정기간
```

どれくらい 滞在しますか。
出張で 来ました。
これが 手荷物引換証です。

입국

여행 TIP

●●이륙한 지 약 2시간 정도 후면 成田(나리따)공항에 도착한다. 분실하는 물건이 없도록 잘 체크하고 여권과 입국신고서를 가지고 外國人이라고 표시된 입국심사대로 간다. 여권과 입국신고서를 제시하면 입국목적과 체류기간 등을 묻고 별 문제가 없으면 여권에 상륙허가 도장을 찍어준다. 질문에 답할 때는 당황하지 말고 또박또박하게 대답하는 것이 좋다. 경우에 따라서 여행경비나 돌아가는 비행기표를 보여 달라고 한다. 입국심사가 끝나면 여권을 돌려받고 수하물 회전대로 가서 자신의 짐을 찾아 세관 카운터로 가서 직원에게 짐과 여권을 건네준다. 배낭여행객의 경우에는 대부분 그냥 통과할 수 있다.

●●나리따공항에서 시내까지는 거리가 꽤 멀다. 게이세이(京成) 전철, JR 보통열차, 스카이 라이너, 리무진 버스 등 다양한 교통편이 있고 가격과 소요시간에서 차이가 있으므로 자신의 목적지와 일정에 따라 가장 효율적인 교통편을 선택하면 된다.

●●JR패스가 있는 사람이라면 그냥 패스를 보여주고 타면 되고, 패스를 끊지 않은 사람은 티켓 자판기에서 티켓을 구입하면 된다. 구입방법은 자판기의 노선도와 구간별 요금을 확인하고 그 확인금액을 자판기에 투입하면 발권 가능한 모든 역의 버튼에 불이 들어오는데, 자신의 도착지 역을 누르면 된다. 처음엔 좀 낯설지만 한두 번 해보면 금방 익숙해진다.

입국 심사할 때

:: **여권을 보여 주세요.**
Your passport, please.

パスポートを 見せてください。
파스뽀-또오 미세떼구다사이

:: **여기 있습니다.**
Here it is.

はい、どうぞ。
하이 도-조

:: **입국목적은 무엇입니까?**
What's the purpose?

入国の目的は 何ですか。
뉴꼬꾸노모꾸떼끼와 난데스까

:: **여행입니다.**
Just traveling.

旅行です。
료꼬데스

:: **출장차 왔습니다.**
On business.

出張に 来ました。
슛쪼ー니 기마시따

| 관광 |
| 観光 |
| 칸코우 |
| |
| 출장 |
| ビジネス |
| 비즈니스 |

입국

입국 심사할 때

:: 어느 정도 체류하십니까?
How long are you staying?

どれくらい 滞在しますか。
도레꾸라이 다이자이시마스까

:: 2주일입니다.
About two weeks.

二週間です。
니슈-깐데스

:: 어디에서 머뭅니까?
Where are you staying?

お泊まりは どこですか。
오또마리와 도꼬데스까

:: 유스호스텔이요.
At the youth hostel.

ユースホステルです。
유-스호스테루데스

:: 돌아가는 항공권은 있습니까?
Do you have a return ticket?

帰りの 航空券は お持ちですか。
가에리노 고-꾸-껭와 오모찌데스까

1주일	5일
一週間	いつか
잇슈-깡	이쯔까
10일	15일
10日	15日
도-까	쥬-고니찌

1개월
一ヶ月
익까게쯔

여관	호텔
旅館	ホテル
료칸	호테루

친척집
親戚の家
신세끼노이에

62 바로바로 통하는 여행일본어

짐 찾을 때

:: 짐은 어디에서 찾습니까?
Where can I found my baggage?

荷物は どこで 受け取りますか。
니모쯔와 도꼬데 우께또리마스까

:: JAL505 편의 짐은 나왔습니까?
Has baggage arrived from JAL505?

JAL505 便の荷物は もう出てきましたか。
자루-고제로고빈노 니모쯔와 모- 데떼끼마시따까

:: 내 짐을 찾을 수 없습니다.
I can't find my baggage.

わたしの にもつが みつかりません。
와따시노 니모쯔가 미쯔까리마셍

:: 짐을 잃어버렸습니다.
I lost my baggage.

荷物を なくしました。
니모쯔오 나꾸시마시따

가방
かばん
가방

:: 아직 짐이 안 나왔습니다.
My baggage hasn't arrived.

また、荷物が 出ていません。
마따 니모쯔가 데떼이마셍

입국

✤ 짐 찾을 때

:: 어디에서 출발한 항공편이죠?
What flight did you come in on?

どこから 出発した 航空便ですか。

도꼬까라 슙바쯔시따 고-꾸-빈데스까

:: 714 편입니다.
Flight 714.

714便です。

나나햐꾸쥬욘빈데스

:: 이건 제 가방이 아닙니다.
This bag is not mine.

これは わたしの かばんではありません。

고레와 와따시노 가반데와아리마셍

:: 수하물 인환증을 보여주세요.
May I see your claim tag?

手荷物引換証を 見せてください。

데니모쯔히끼까에쇼-오 미세떼구다사이

:: 이것이 수하물인환증입니다.
This is the baggage claim tag.

これが 手荷物引換証です。

고레가 데니모쯔히끼까에쇼-데스

세관 검사할 때

:: 짐은 이게 전부입니까?
Will that be all?

荷物は これで 全部ですか。
니모쯔와 고레데 젬부데스까

:: 다른 짐은 없습니까?
Do you have any other luggage?

他に荷物は ありませんか。
호까니 니모쯔와 아리마셍까

:: 신고할 물건이 있습니까?
Do you have anything to declare?

申告する ものは ありますか。
싱꼬꾸스루 모노와 아리마스까

:: 없습니다.
No, nothing.

ありません。
아리마셍

:: 가방을 열어주십시오.
Please open this bag.

かばんを 開けてください。
가방오 아께떼구다사이

입국

환전할 때

:: 환전하는 곳은 어디입니까?
Where can I change money?

両替するところは どこですか。
료-가에스루또고로와 도꼬데스까

:: 2번 창구입니다.
At the window number 2.

2番の窓口です。
니반노마도구찌데스

:: 환전해 주십시오.
I'd like to exchange some money.

両替 お願いします。
료-가에 오네가이시마스

:: 잔돈도 섞어주세요.
I'd like some small change.

小銭も混ぜてください。
고제니모 마제떼구다사이

:: 여기에 서명해 주세요.
Please sign here.

ここに お名前を 書いてください。
고꼬니 오나마에오 가이떼구다사이

여행자 안내소에서

:: 관광 안내소는 어디에 있습니까?
Where is the tourist information center?

観光案内所は どこですか。

강꼬ー안나이쇼와 도꼬데스까

:: JR 패스 교환을 부탁합니다.
Exchange the JR pass, please.

JRパスの 交換 お願いします。

제ー아루패스노 고ー깡 오네가이시마스

:: 시내 지도 있습니까?
Do you have a city map?

市内地図は ありますか。

시나이지즈와 아리마스까

:: 여기서 호텔예약을 할 수 있습니까?
Can I reserve a hotel here?

ここで ホテルの 予約ができますか。

고꼬데 호떼루노 요야꾸가 데끼마스까

:: 역에서 가까운 호텔을 부탁합니다.
I'd like a hotel close to the station.

駅から 近い ホテルを お願いします。

에끼까라 치까이 호테루오 오네가이시마스

시내로 이동할 때

:: 수하물 수레가 어디에 있죠?
Where can I find a baggage cart?

カートは どこに ありますか。
카-또와 도꼬니 아리마스까

:: 시내로 가는 버스는 있습니까?
Is there a bus going downtown?

市内へ 行く バスは ありますか。
시나이에 이꾸 바스와 아리마스까

:: 리무진버스가 있습니다.
There's a limousine bus.

リムジンバスが あります。
리무진바스가 아리마스

:: 버스는 어디에서 탑니까?
Where can I get a bus?

バスは どこで 乗れば いいですか。
바스와 도꼬데 노레바 이-데스까

:: 우측 5번 정류장입니다.
Turn right No. 5.

右側の 5番 停留所です。
미기가와노 고방 데-류-죠데스

지하 1층
地下 1階
지까익까이

시내로 이동할 때

:: 리무진버스 시각표를 확인하고 싶은데요.
I'd like to confirm limousine bus schedule.

リムジンバスの 時刻表を 確認したいんですが。
리무진바스노 지꼬꾸효-오 가꾸닌시따인데스가

:: 다음 버스는 언제 옵니까?
How long will the next bus be?

次のバスは いつ 来ますか。
츠기노바스와 이쯔 기마스까

입국

:: 30 분마다 있습니다.
The buses run every 30 minutes.

30分ごとに あります。
산 뿡고또니 아리마스

:: 스카이라이너는 어디에서 탑니까?
Where can I get a sky-liner?

スカイライナーは どこで 乗れますか。
스까이라이나- 와 도꼬데 노레마스까

:: 동경까지 가고 싶습니다만, 가는 법을 알려주세요.
I'd like to go to the Tokyo. How can I get there?

東京まで 行きたいんですが、行き方を 教えてください。
도-꾜- 마데 이끼따인데스가 이끼까따오 오시에떼구다사

나리따공항에서 도심지로의 교통편

일본 나리따(成田)공항에서 시내로 진입하는 교통수단은 게이세이(京成)전철, 공항리무진버스, 나리따익스프레스, 스카이라이너 등이 있다. 짐이 많을 경우에는 스카이라이너보다 리무진을 이용하는 것이 편리하다. 게이세이전철(¥1,000)은 도심까지 1시간 30분 정도 소요되고, 스카이라이너는 1시간 10분(¥2,200), 리무진버스(¥2,700~3,000)는 1시간 30분정도 걸린다. 물론 JR 패스 이용자라면 JR 나리따익스프레스를 타는 것이 가장 좋다.

JR 패스는 나리따공항의 JR 여행서비스센터 View Plaza(びゅプラザ)나 TIS(여행안내소)에서 교환할 수 있다. 교환방법은 먼저 JR패스 교환신청서라는 양식을 작성해야 하는데, 이름과 국적, 여권번호 등을 기재한 다음 JR패스의 개시일자(JR패스를 처음으로 사용할 날짜)를 쓰면 된다. JR 패스는 본인이 지정하는 날부터 개시된다. 이 신청서를 여권, JR패스 교환권과 함께 창구 직원에게 제출하면 사용 개시일자와 만료일자가 찍힌 JR 패스와 교환해 준다.

JR패스로는 JR이 운영하는 모든 열차와 JR버스, 페리 등에 무료로 승차할 수 있다. 단, 신칸센 중에서 가장 빠른 노조미를 이용할 때는 추가요금을 부담해야 한다. JR 패스는 개찰구를 통과하면서 역무원에게 보여주면 되고, 지정석을 이용할 때는 모든 JR역의 미도리노마도구치(みどりの窓口)에 JR 패스를 보여주고 원하는 열차를 말하면 지정석권을 받을 수 있다. 복잡한 주말이나 관광지 구간에서는 미리 지정석을 예매하는 것이 좋다.

ファックスは あります
　　確認書は これです。
お名前を お願いします。

∷ 숙박

여행 TIP

●●호텔에 도착하면 먼저 프런트에서 체크인을 한다. 체크인 시간은 보통 오후 2시부터이다. 도착시간이 너무 늦어지면 취소될 수도 있으므로 예정시간보다 많이 늦어질 경우에는 미리 연락을 해두는 것이 좋다. 또한 호텔의 잠금장치는 자동이기 때문에 방을 나올 때는 반드시 키를 가지고 나와 프런트에 맡겨두도록 한다. 일본의 호텔은 일반적으로 고급 호텔과 비즈니스호텔로 나뉘는데, 비즈니스호텔은 고급 호텔에 비해 매우 저렴하여 직장인들이 출장시 많이 이용한다. 룸서비스와 부대시설이 없다는 것 말고는 큰 불편함 없이 이용할 수 있는 곳이다.

●●민슈꾸라 불리는 민박도 두 종류가 있다. 현지인들이 운영하며 두 끼의 식사가 포함되어 지방 특산물을 맛볼 수 있는 시설과 재일교포들이 한국인 배낭여행자들을 대상으로 운영하는 민박집들이다. 현지인들의 민슈꾸는 주로 관광지에 있고 서비스나 시설이 잘 되어 있지만 한국인이 운영하는 대도시의 민박집들은 보다 비용이 저렴한 만큼 서비스나 시설 면에서 기대하기는 어렵다.
일본인의 전통의 생활양식을 경험하고 싶다면 료깐(旅館)을 이용하는 것도 좋다. 료깐은 일본식 전통호텔이라 생각하면 된다. 우리나라의 여관과는 개념 자체가 다른 곳이다.

●●이밖에도 가격이 저렴하여 배낭여행자들이 많이 찾는 유스호스텔이나 캡슐호텔, 게스트하우스 등의 숙박시설들이 있다.

호텔 예약할 때

:: **객실을 예약하고 싶은데요.**
I'd like to book a room, please.

客室を 予約 したいのですが。
캬꾸시쯔오 요야꾸시따이노데스가

:: **언제 투숙하실 예정이십니까?**
When are you planning to come here?

いつ お泊まりになる 予定ですか。
이쯔 오또마리니나루 요떼이데스까

:: **내일 모레요.**
The day after tomorrow.

あさってです。
아삿떼데스

:: **며칠동안 묵으실 예정이십니까?**
How many nights will you be staying?

何日間 お泊まりになる 予定ですか。
난니찌깡 오또마리니나루 요떼-데스까

:: **이틀 부탁합니다.**
For two nights.

二日 お願いします。
후쯔까 오네가이시마스

호텔 예약할 때

:: 객실에 투숙하시는 손님은 몇 분이십니까?
How many people will be staying with you?

お泊まりになる お客様は 何人ですか。

오또 마리니나루 오갸꾸사마와 난닌데스까

:: 어른 두 명입니다.
Two adults.

大人 二人です。

오또나 후따리데스

:: 도착예정시간은 언제이십니까?
When is he expected to arrive here?

到着予定時刻は いつですか。

도-쨔꾸요떼-지꼬꾸와 이쯔데스까

:: 대략 오전 11 시 30 분입니다.
About 11:30 A.M.

だいたい 午前 11時30分です。

다이따이 고젠 쥬-이찌지산 뿡데스

:: 일박에 얼마입니까?
How much for a night?

一泊いくらですか。

입빠꾸이꾸라데스까

체크인할 때

:: **체크인 부탁합니다.**
I'd like to check in, please.

チェックイン お願いします。
첵꾸인 오네가이시마스

:: **예약하셨습니까?**
Do you have a reservation?

予約は されていますか。
요야꾸와 사레떼이마스까

:: **방을 예약했습니다만.**
I have a reservation.

部屋を 予約したんですが。
헤야오 요야꾸시딴데스가

:: **성함을 알려 주십시오.**
May I have your name?

お名前を お願いします。
오나마에오 오네가이시마스

:: **공항에서 예약한 김인영입니다.**
I'm In-young Kim, I have a reservation in the airport.

空港で 予約した キムインヨンです。
구-꼬-데 요야꾸시따 기무잉욘데스

숙박

체크인할 때

:: 인터넷으로 예약했습니다.
I have a reservation by website.

インターネットで 予約しました。
인따-넷또데 요야꾸시마시따

:: 예약은 한국에서 했습니다.
I made one from Korea.

予約は 韓国で 済ませました。
요야꾸와 강꼬꾸데 스마세마시따

:: 네, 예약되어 있습니다.
Okay, Your name is on the list.

はい。ご予約 いただいております。
하이 고요야꾸 이따다이떼오리마스

:: 숙박카드에 이름과 연락처를 써 주십시오.
Please fill out your name and number on the registration card.

宿泊カードに お名前と ご連絡先を お書きください。
슈꾸하꾸카-도니 오나마에또 고렌라꾸사끼오 오가끼구다사이

:: 방은 701 호실입니다.
Your room number is 701.

お部屋は 701号室です。
오헤야와 나나하꾸이찌고-시쯔데스

체크인 트러블

:: 예약이 되어 있지 않습니다.
We don't have your reservation.

ご予約 いただいておりません。
고요야꾸 이따다이떼오리마셍

:: 분명히 예약했는데요.
I'm sure I have a reservation.

たしかに 予約しました。
타시까니 요야꾸시마시따

:: 확인증 여기 있습니다.
Here's my confirmation.

確認書は これです。
가꾸닌쇼와 고레데스

:: 다시 한 번 확인해 주세요.
Would you check again?

もう 一度、ご確認 お願いします。
모- 이찌도 고가꾸닝 오네가이시마스

:: 방을 취소하지 않았습니다.
I didn't cancel the room.

部屋を キャンセルしていません。
헤아오 칸세루시떼이마셍

숙박

예약을 하지 않았을 때

:: **예약하지 않았습니다만.**
I don't have a reservation.

予約していないのですが。
요야꾸시떼이나이노데스가

:: **빈 방 있습니까?**
Do you have any vacancies?

空いている 部屋はありますか。
아이떼이루 헤야와 아리마스까

:: **방을 보여 주세요.**
May I see the room?

部屋を 見せてください。
헤야오 미세떼구다사이

:: **오늘 묵을 수 있습니까?**
Can I have a room for tonight?

今日 泊まれますか。
쿄 - 도마레마스까

:: **며칠 묵으실 겁니까?**
For how many nights?

何泊されますか。
남빠꾸사레마스까

예약을 하지 않았을 때

:: **싱글룸으로 부탁합니다.**
I'd like a single room, please.

シングルで お願いします。
싱구루데 오네가이시마스

:: **트윈은 하루에 얼마입니까?**
What's the rate for a twin room per night?

ツインは 一泊 いくらですか。
쯔인와 입빠꾸 이꾸라데스까

:: **아침 식사 포함입니까?**
Does the price include breakfast?

朝食込みですか。
죠-쇼꾸미데스까

> 조용한 방
> 静かな 部屋
> 시즈까나 헤야

:: **전망 좋은 방을 부탁합니다.**
I want a room with a nice view.

眺めのいい 部屋を お願いします。
나가메노이이- 헤야오 오네가이시마스

:: **방은 3층 317호실입니다.**
Your room is 317 on the third floor.

部屋は 3階の 317号室です。
헤야와 상가이노 산뱌꾸쥬나나고-시쯔데스

숙박

예약을 하지 않았을 때

:: 좀더 좋은 방은 없습니까?
Do you have anything better?

もっとよい 部屋は ありませんか。

못또요이 헤야와 아리마셍까

:: 아침 식시는 몇 시입니까?
What time can I have breakfast?

朝食は何時ですか。

죠-쇼꾸와 난지데스까

:: 체크아웃은 몇 시입니까?
What time is check-out?

チェックアウトは何時ですか。

체크아우또와 난지데스까

:: 짐을 방까지 옮겨줄 수 있습니까?
Could you bring my baggage?

荷物を 部屋まで 運んでもらえますか。

니모쯔오 헤야마데 하꼰데모라에마스까

:: 이 방으로 하겠습니다.
I'll take this room.

この 部屋にします。

고노 헤야니시마스

룸서비스 요청할 때

:: **룸서비스를 부탁합니다.**
Room service, please.

ルームサービス をお願いします。
루-므사-비스오 오네가이시마스

:: **여기는 432 호실입니다.**
This is Room 432.

こちらは 432 号室です。
고찌라와 욘햐크산쥬니고시쯔데스

:: **따뜻한 마실 물이 필요합니다만.**
I'd like a pot of boiled water.

飲む お湯が ほしいのですが。
노무 오유가 호시이노데스가

:: **모닝콜을 부탁합니다.**
I'd like a wake-up call in the morning.

モーニングコールを お願いします。
모-닝구코-루오 오네가이시마스

:: **몇 시가 좋으십니까?**
What time do you have in mind?

何時が よろしいですか。
난지가 요로시-데스까

룸서비스 요청할 때

:: 아침 6시에 부탁합니다.
6 o'clock tomorrow morning.

あさ6時に お願いします。
아사로꾸지니 오네가이시마스

:: 방에 비누가 없습니다.
There's no soup.

部屋に 石鹸が ありません。
헤야니 섹껭가 아리마셍

:: 타월 2장 부탁합니다.
I need two extra towels, please.

タオルを 2枚お願いします。
타오루오 니마이 오네가이시마스

:: 코르크 따개를 빌릴 수 있을까요?
Can I borrow your corkscrew?

コルク抜きを 貸してもらえますか。
코루쿠누끼오 가시떼모라에마스까

:: 방 번호를 말씀하십시오.
Your room number, please.

お部屋番号をどうぞ。
오헤야방고-오도-조

7시
7時
시찌지

5시 30분
5時 30分
고지 산쥬뿡

치약
歯みがき
하미가끼

칫솔
歯ブラシ
하부라시

샴푸
シャンプー
샴뿌

린스
リンス
린스

서비스 시설 이용할 때

:: 팩스는 있습니까?
Do you have a fax machine?

ファックスは ありますか。
확꾸스와 아리마스까

:: 식당은 어디에 있습니까?
Where is the dining room?

食堂は どこですか。
쇼꾸도-와 도꼬데스까

:: 식사는 몇 시부터 가능합니까?
What time can I have breakfast?

食事は 何時から できますか。
쇼꾸지와 난지까라 데끼마스까

커피숍
コーヒーショップ
코-히
미용실
美容院
비요-잉
자판기
自動販売機
지도-함바이끼
가라오케
カラオケ
가라오께

숙박

:: 7시부터 9시까지이며,
From 7:00 to 9:00 A.M.

7時から 9時までで、
시찌지까라 구지마데데

:: 뷔페식으로 준비되어 있습니다.
We have the buffet for you.

バイキングで 用意しております。
바이낑구데 요-이시떼오리마스

숙박 83

:: 서비스 시설 이용할 때

:: 세탁 서비스는 있습니까?
Do you have a laundry service?

クリーニングの サービスは ありますか。
크리닝구노 사비스와 아리마스까

:: 세탁을 부탁드립니다.
I'd like to drop off some laundry.

洗濯を お願いします。
센따꾸오 오네가이시마스

:: 이 스커트를 부탁하고 싶습니다만.
I'd like to have this skirt washed.

この スカートを お願いしたいのですが。
고노 스-카또오 오네가이시따이노데스가

:: 언제 됩니까?
When will it be ready?

仕上がりは いつですか。
시아가리와 이쯔데스까

:: 빨리 해주시겠어요?
Could you do it as soon as possible, please?

急いでください。
이소이데구다사이

문제가 발생했을 때

:: 화장실 물이 내려가지 않습니다.
The toilet doesn't flush.

トイレの 水が 流れません。

토이레노미즈가 나가레마셍

:: 화장실의 물이 멈추지 않습니다.
The toilet is flowing.

トイレの水が とまりません。

토이레노미즈가 도마리마셍

:: 더운 물이 나오지 않습니다.
Hot water doesn't come out.

お湯が 出ません。

오유가 데마셍

숙박

:: 에어컨이 작동되지 않습니다.
The air-conditioner doesn't work.

クーラーが 動きません。

쿠-라-가 우고끼마셍

| 텔레비전 |
| TV |
| テレビ |
| 테레비 |

:: 빨리 고쳐주세요.
Could you fix it now?

早く 修理して ください。

하야꾸 슈-리시떼 구다사이

❖ 문제가 발생했을 때

:: 다른 방으로 옮길 수 없을까요?
Could you change my room?

ほかの部屋に 変えることは できませんか。

호가노 헤야니 가에루꼬또와 데끼마셍까

:: 방이 좀 춥습니다.
This room is chilly.

部屋が ちょっと 寒いです。

헤야가 좃또 사무이데스

> 더운
> 暑い
> 아쯔이

:: 방이 잠겨버렸습니다.
I have locked myself out of my room.

部屋から 閉め出されてしまいました。

헤야카라 시메다사레떼시마이마시따

:: 열쇠를 방에 두고 나왔습니다.
I left the key in my room.

鍵を 部屋に 忘れました。

가기오 헤야니 와스레마시따

:: 타월을 바꿔주세요.
Can I get a new towel?

タオルを 取り替えてください。

타오루오 도리까에떼구다사이

일정을 변경할 때

:: 하룻밤 더 묵고 싶은데요.
   I'd like to stay one more night.

   もう一泊 したいのですが。
   모- 입빠꾸 시따이노데스가

:: 하루 일찍 떠나고 싶은데요.
   I'd like to leave one day earlier.

   一日 早く 発ちたいのですが。
   이찌니찌 하야꾸 다찌따이노데스가

:: 일요일까지 숙박을 연장하고 싶은데요.
   I'd like to extend my stay until this Sunday.

   日曜日まで 宿泊を 延ばしたいのですが。
   니쯔 비마데 슈꾸하꾸오 노바시따이노데스가

숙박

:: 오늘 저녁까지 방을 쓸 수 있을까요?
   May I use the room till this evening?

   今晩まで 部屋を 使えますか。
   곰방마데 헤야 츠까에마스까

:: 예정보다 하루 빨리 떠납니다.
   I'll leave one day earlier.

   予定より 一日 早く 発ちます。
   요떼-요리 이찌니찌 하야꾸 다찌마스

숙박 87

:: 체크아웃할 때

:: 체크아웃 하겠습니다.
I'd like to checkout.

チェックアウトを お願いします。
첵꾸아웃또오 오네가이시마스

:: 계산을 부탁합니다.
My bill, please.

会計を お願いします。
가이께-오 오네가이시마스

:: 키를 반환하겠습니다.
Here's the key.

キーを 返します。
키-오 가에시마스

:: 이 신용카드로 지불할 수 있을까요?
Can I use this credit card?

このクレジットカードで 支払えますか。
고노쿠레짓또카-도데 시하라에마스까

:: 영수증을 써 주십시오.
Please give me a receipt.

領収書を お願いします。
료-슈-쇼오 오네가이시마스

❈ 체크아웃할 때

:: 계산이 잘못된 것 같은데요.
I think there is a mistake on this bill.

計算違いがあるようです。
けいさんちが

게-산찌가이가아루요-데스

:: 택시를 불러주시겠습니까?
Would you please call a taxi?

タクシーを よんでもらえますか。

타꾸시-오 욘데모라에마스까

:: 짐을 맡아 주실 수 있습니까?
Can you keep this baggage for me?

荷物を 預かってもらえますか。
にもつ あず

니모쯔오 아즈깟떼모라에마스까

숙박

:: 6시정도에 가지러 오겠습니다.
I'll come at six or so.

6時くらいに 取りにきます。
ろくじ   と

로구지꾸라이니 도리니끼마스

:: 방에 물건을 두고 왔습니다.
I left something in my room.

部屋に 忘れ物を しました。
へや わす もの

헤야니 와스레모노오 시마시따

숙박

호텔에서 볼 수 있는 단어

観光ホテル tourist hotel 관광호텔
受付 front desk 접수처
入口 entrance 입구
非常口 emergency exit 비상구
携帯品の預り所 cloakroom 휴대품 보관소
ロビー lobby 로비
別館 annex 별관
食堂 dining room 식당
コーヒーショップ coffee shop 커피숍
支配人 manager 지배인
現金出納員 cashier 회계
ベルボイ bellboy 벨보이
部屋掃除中 make up room 방 청소 중
面会謝絶 Do Not Disturb 면회사절
関係者以外立入禁止 Employees only 관계자 외 출입금지

こちらの 席へ どうぞ。
和食が 食べたいです。
予約は されていますか。

식사

여행 TIP

●●일본인들은 식사를 할 때 숟가락을 거의 사용하지 않고 그릇을 손에 들고 젓가락으로 먹는 것이 일반적이다. 또한 기본 반찬 이외의 반찬에는 200~500엔 정도의 추가요금이 더해진다. 우리나라에서처럼 리필을 요구한다면 엄청난 식비를 지출하게 될지도 모른다.

●●일본의 대표적인 음식으로는 스시(초밥), 사시미(회), 데이쇼꾸(정식), 돈부리(덮밥), 우동, 소바, 덴뿌라(튀김), 야끼니꾸(불고기), 스끼야끼(불고기와 샤브샤브의 중간쯤 되는), 오꼬노미야끼(부침개), 다꼬야끼(낙지를 넣은 동그란 과자), 라멘(라면) 등이 있다.
특히 수제라면으로 유명한 일본라멘은 비슷비슷한 맛의 우리나라 인스턴트라면과는 달리 그 맛과 종류가 매우 다양한데, 모험을 하고 싶지 않다면 길게 줄을 서 있는 곳을 선택하는 것이 좋다. 일본은 어디서든 길게 줄을 서 있는 모습을 어렵지 않게 볼 수 있는데 그렇게 줄을 서는 데에는 분명히 이유가 있기 때문이다.

●●또한 일본은 도시락 문화가 발달되어 있어 잘만 고르면 저렴하고 맛있는 도시락으로 한 끼를 해결할 수 있다. 편의점에서 판매하는 간단한 도시락은 300~600엔 사이, 도시락 전문점에서 파는 도시락은 550~1500 엔까지 다양하다.
한 끼 식사로 400엔~1300엔 정도의 지출이면 회나 고기류를 제외한 대부분의 일본음식들을 맛볼 수 있다.

식당을 찾을 때

:: 특별히 좋아하는 음식이 있습니까?
Do you care for any particular food?

特に 好きな 料理は ありますか。

도꾸니 스끼나 료-리와 아리마스까

:: 저는 가리는 음식이 없이 뭐든지 잘 먹습니다.
I'm not a picky eater.

私は 好き嫌いが なく 何でも 食べます。

와따시와 스끼끼라이가 나꾸 난데모 다베마스

:: 일식과 한식 어느 쪽으로 드시겠어요?
Which would you prefer to have, Korean or Japanese food?

和食と 韓国料理 どちらが よろしいですか。

와쇼꾸또 강꼬꾸료-리 도찌라가 요로시-데스까

:: 일본요리를 먹고 싶어요.
I want to eat Japanese.

和食が 食べたいです。

와쇼꾸가 다베따이데스

:: 일본음식은 입에 맞습니까?
Does Japanese food agree with you?

日本の 料理は 口に 合いますか。

니혼노료-리와 구찌니 아이마스까

식사

식사 93

식당을 찾을 때

:: 맛있는 식당을 알려주세요.
Please recommend a good restaurant for me.

おいしい お店を 教えてください。
오이시- 오미세오 오시에떼구다사이

:: 이곳에서 유명한 음식은 뭔가요?
What's the best food on here?

ここで 有名な 食べ物は 何ですか。
고꼬데 유-메-나 다베모노와 난데스까

:: 이 지방의 명물요리를 먹고 싶은데요.
I'd like to have some local food.

この 土地の名物料理が食べたいのです。
고노 도찌노 메-부쯔료-리가 다베따이노데스

:: 해물요리 집은 어디에 있습니까?
Where is the seafood restaurant?

シーフードの お店は どこに ありますか。
시-후-도노 오미세와 도꼬니 아리마스까

:: 그 집은 어떻게 찾아갑니까?
How can I get there?

その お店には どう 行けば いいですか。
소노 오미세니와 도- 이께바 이-데스까

:: 식당을 찾을 때

:: 이곳에 한국 식당은 있습니까?
Do you have a Korean restaurant?

この 町に 韓国レストランは ありますか。
고노 마찌니 강꼬꾸레스또랑와 아리마스까

:: 이 근처에 싸고 맛있는 집이 있나요?
Is there a good restaurant around here?

この 近くに 安くて おいしい お店が ありますか。
고노 치까꾸니 야스꾸떼 오이시- 오미세가 아리마스까

:: 가볍게 식사를 하고 싶은데요.
I'd like to have a light meal.

軽い食事を したいのです。
가루이쇼꾸지오 시따이노데스

:: 제가 안내해 드리지요.
Let me take you there.

わたしが 案内します。
와따시가 안나이시마스

식사

:: 예약이 필요한 곳인가요?
Do we need a reservation?

予約が 必要な お店ですか。
요야꾸가 히쯔요-나 오미세데스까

식당을 예약할 때

:: 그 레스토랑을 예약해주세요.
　Make a reservation for the restaurant, please.

そのレストランに 予約して ください。
소노레스또란니 요야꾸시떼 구다사이

:: 오늘밤 예약하고 싶습니다.
　I'd like to make a reservation for tonight.

今晩、席を 予約したいのです。
곰방 세끼오 요야꾸시따이노데스

:: 손님은 몇 분이십니까?
　How large is your party?

お客様は 何人ですか。
오갸꾸사마와 난닌데스까

:: 7시에 4명으로 부탁합니다.
　Four persons at 7 P.M.

7時に 4人でお願いします。
시찌지니 요닌데 오네가이시마스

:: 복장에 제한은 있습니까?
　Do you have a dress code?

服装について 決まりは ありますか。
후꾸소-니쯔이떼 기마리와 아리마스까

자리 배정

:: 예약 하셨습니까?
Did you have a reservation?

予約は されていますか。
요야꾸와 사레떼이마스까

:: 7시에 예약한 김인영입니다.
I'm In-young Kim. I have a reservation at seven.

7時に 予約している キムインヨンです。
시찌지니 요야꾸시떼이루 기무잉욘데스

:: 예약 안했는데 자리 있나요?
We haven't reserved. Do you have a table?

予約を していないんですが、席 ありますか。
요야꾸오 시떼-나인데스가 세끼 아리마스까

:: 어느 정도 기다려야 합니까?
How long do we have to wait?

どれくらい 待ちますか。
도레꾸라이 마찌마스까

식사

:: 몇 분이십니까?
How many is your party?

何人ですか。
난닝데스까

자리 배정

:: 저 혼자입니다.
Just myself.

わたし 一人です。
와따시 히또리데스

:: 이쪽 자리에 오세요.
Come over here, please.

こちらの 席へ どうぞ。
고찌라노 세끼에 도-조

> 조용한 안쪽 자리
> 静かな奥の席
> 시즈까나 오꾸노세끼

:: 창가 자리로 부탁합니다.
By the window, please.

窓側の席に お願いします。
마도가와노세끼니 오네가이시마스

:: 잠시만 기다려 주십시오.
Just a moment please.

ちょっと 待ってください。
좃또 맛떼구다사이

:: 안내해 드리겠습니다.
This way, please.

ご案内します。
고안나이시마스

식사 주문할 때

:: 주문하시겠습니까?
What would you like to order?

ご注文 よろしいですか。

고쮸-몬 요로시-데스까

:: 주문은 결정되셨습니까?
Are you ready to order?

ご注文は お決まりになりましたか。

고쮸-몬와 오끼마리니나리마시따까

:: 메뉴를 보여 주세요.
May I see the menu, please?

メニューを見せてください。

메뉴오 미세떼 구다사이

:: 조금 있다 주문하겠습니다.
I'll order you in a while.

ちょっと 後で 注文します。

좃또 아또데 쥬-몬시마스

:: 아직 메뉴를 정하지 못했습니다.
I haven't made up my mind yet.

まだ、メニューを 決めていません。

마다 메뉴-오 기메떼이마셍

식사 주문할 때

:: 주문 받으세요.
We need ready to order.

注文を　したいのですが。
쥬-몬오 시따이노데스가

:: 소바 주세요.
Soba, please.

そば　ください。
소바 구다사이

:: 저도 같은 걸로 부탁합니다.
Same here, please.

わたしも　一緒で　お願いします。
와따시모 잇쇼데 오네가이시마스

:: 여기서 잘하는 요리는 뭡니까?
What is the specialty of the house?

ここの　自慢料理は　何ですか。
고꼬노 지만료-리와 난데스까

:: 추천요리는 무엇입니까?
What's today's special?

おすすめは　何ですか。
오스스메와 난데스까

쇠고기 덮밥
牛丼
규-동

초밥
すし
스시

돈까스 정식
とんかつ定食
돈까쯔데이쇼꾸

식사 주문할 때

:: 오늘의 추천요리는 스테이크입니다.
Today's special is steak, sir.

今日の おすすめの 料理は ステーキです。
교-와노 오스스메노 료-리와 스떼-끼데스

:: 그럼 그것을 주십시오.
Then, I'ill have that.

では、それを お願いします。
데와 소레오 오네가이시마스

:: 좀 급한데요, 뭐가 빨리 되나요?
I'm in a hurry. What comes out fast?

急いでいるんですが、何が 早く できますか。
이소이데이룬데스가 나니가 하꾸 데끼마스까

:: 이것은 무슨 요리입니까?
What kind of dish is this?

これはどんな料理ですか。
고레와 돈나료-리데스까?

:: 주문한 요리가 아직 오지 않습니다.
My order hasn't come yet.

注文した 料理がまだきません。
쥬-몬시따 료리가 마다끼마셍

식사 101

식사할 때

:: 맛있어 보여요.
It looks delicious.

おいしそうですね。
오이시소-데스네

:: 이 음식은 뭐라고 합니까?
What is this dish called?

この 料理は 何という 料理ですか。
소노 료-리와 난또이우 료-리데스까

:: 요리재료는 무엇입니까?
What are some of the ingredients?

食財は 何ですか。
쇼꾸자이와 난데스까

:: 먹는 법을 가르쳐 주시겠어요?
Could you tell me how to eat this?

食べ方を 教えてください。
다베까따 오시에떼구다사이

:: 이것은 맵습니까?
Is this spicy?

これは 辛いですか。
고레와 가라이데스까

식사할 때

:: 맛은 어떻습니까?
How does it taste?

味は いかがですか。
아지와 이까가데스까

:: 정말 맛있네요.
This is delicious.

とても おいしいです。
도떼모 오이시-데스

:: 한 그릇 더 주세요.
One more, please.

お代わりを ください。
오까와리오 구다사이.

:: 잘 먹었습니다.
I really enjoyed the meal.

ごちそう さまでした。
고찌소-사마데시따

:: 포크를 떨어뜨렸습니다.
I dropped my fork.

フォークを 落としました。
호- 꾸오 오또시마시따

| 나이프 |
| ナイフ |
| 나이후 |
| |
| 젓가락 |
| 箸 (はし) |
| 하시 |

패스트푸드점에서

:: 햄버거 두 개 주세요.
I'd like to have two hamburgers.

ハンバーガー 二つ ください。

함바-가 후따쯔 구다사이

:: 데리야끼 버거 세트 주세요.
Teriyaki burger set, please.

てりやきバーガーセットを下さい。

데리야끼 바-가셋또오 구다사이

:: 아이스커피 있습니까?
Do you have iced coffee?

アイスコーヒー ありますか。

아이스코-히- 아리마스까

:: 리필 되나요?
May I have a refill?

おかわり できますか。

오까와리 데끼마스까

:: 여기에서 드실 건가요, 포장하실 건가요?
Here or to go?

ここで お召し上がりますか、持ち帰りですか。

고꼬데 오메시아가리마스까 모찌까에리데스까

샌드위치
サンドイッチ
산도잇찌

포테이토
フライドポテト
후라이도 포떼또

피자
ピザ
피자

후라이드 치킨
フライドチキン
후라이도치킨

패스트푸드점에서

:: 포장해 주세요.
To go.

持ち帰りで お願いします。
모찌까에리데 오네가이시마스

:: 여기에서 먹을 거예요.
For here, please.

ここで 食べます。
고꼬데 다베마스

:: 음료는 어떠십니까?
Anything to drink?

お飲み物は いかがですか。
오노미모노와 이까가데스까

:: 콜라 부탁합니다.
Coke, please.

コーラを お願いします。
코-라오 오네가이시마스

:: 어느 사이즈로 하시겠습니까?
Which size would you like?

どの サイズにしますか。
도노 사이즈니시마스까

식사

패스트푸드점에서

:: L 사이즈로 주세요.
Large, please.

Lサイズを お願いします。
에루사이즈오 오네가이시마스

M 사이즈
Mサイズ
에무사이즈

S 사이즈
Sサイズ
에스사이즈

:: 콜라에 얼음은 빼주세요.
I'd like a coke with no ice.

コーラは 氷なしで お願いします。
코-라와 고-리나시데 오네가이시마스

:: 얼음 많이 넣어주세요.
A lot of ice, please.

氷を 多めに お願いします。
고-리오 오-메니 오네가이시마스

:: 번호표 여기 있습니다.
Here's your number ticket.

番号札を これです。
방고-사쯔오 고레데스

:: 5분정도 걸리니, 잠시만 기다려 주세요.
It takes five minutes. Wait a minute.

5分ほど かかりますので、少々 お待ちください。
고훈호도 가까리마스노데 쇼-쇼- 오마찌구다사이

술집에서

:: 생맥주 두 잔 주세요.
Two glasses of draft beer, please.

生ビール 二つ ください。
なま　　　ふた

나마비-루 후따쯔 구다사이

소주
焼酎 しょうちゅう
쇼-쮸-

:: 맥주는 어떤 종류가 있나요?
What kind of beers do you have?

ビールは 何が ありますか。
　　　　なに

비-루와 나니가 아리마스까

:: 기린으로 병맥주 한 병 주세요.
A bottles of Girin beer, please.

キリンで 瓶ビール 一本 ください。
　　　　びん　　　いっぽん

기린데 빔비-루 입뽕 구다사이

:: 와인목록 있습니까?
Do you have a wine list?

ワインリストは ありますか。

와인리스또와 아리마스까

식사

:: 와인 한 병 부탁합니다.
A bottles of wine, please.

아쯔깡
熱燗 あつかん
아쯔깡

ワイン 一本 お願いします。
　　　　いっぽん　ねが

와잉 입뽕 오네가이시마스

식사 107

술집에서

:: 가벼운 술이 좋겠습니다.
I'd like a light alcohol.

軽い お酒がいいです。

가루이 오사께가이 - 데스

:: 한잔 더 주세요.
Another one, please.

もう一杯 ください。

모 - 입빠이 구다사이

:: 한 병 더 주세요.
May I have another one?

もう一本 ください。

모 - 입뽕 구다사이

:: 글라스로 주문됩니까?
Can I order it by the glass?

グラスで 注文できますか。

구라스데 쥬 - 몬 데끼마스까

이 지방의 특유의 술입니까?
Is it a local alcohol?

この 土地の特有のお酒ですか。

고노 도찌노 도꾸유 - 노 오사께데스까

계산할 때

:: 먼저 계산 부탁드리겠습니다.
You have to pay in advance.

お先に 会計の方失礼いたします。
오사끼니 가이께-노호-시쯔레-이따시마스.

:: 따로따로 지불하고 싶습니다만.
Separate checks, pleas.

別々に 支払いを したいのですが。
베쯔베쯔니 시하라이오 시따이노데스가

:: 제 몫은 얼마입니까?
How much is my share?

私の 分は いくらですか。
와따시노 붕와 이꾸라데스까

:: 제가 모두 내겠습니다.
I'll take care of the bill.

私が まとめて 払います。
와따시가 마또메떼 하라이마스

:: 이건 제가 내겠습니다.
This is on me.

これは 私の おごりです。
고레와 와따시노 오고리데스

식사

음식

계란 卵(たまご) 다마고	고기 肉(にく) 니꾸
불고기 焼肉(やきにく) 야끼니꾸	덮밥 丼(どんぶり) 돔부리
쇠고기 牛肉(ぎゅうにく) 규-니꾸	
쇠고기 덮밥 牛丼(ぎゅうどん) 규-동	
장어덮밥 うなぎどん 우나기동	장어 うなぎ 우나기
김치 キムチ 기무찌	닭고기 とりにく 도리니꾸
닭꼬치 焼き鳥(やきとり) 야끼도리	
돼지고기 豚肉(ぶたにく) 부따니꾸	
된장국 味噌汁(みそしる) 미소시루	
라면 ラーメン 라-멘	메밀국수 そば 소바
우동 うどん 우동	밥 ご飯(はん) 고항
김밥 のりまき 노리마끼	주먹밥 おにぎり 오니기리
전골 すきやき 스끼야끼	생선 さかな 사까나
생선회 刺身(さしみ) 사시미	초밥 寿司(すし) 스시
새우 海老(えび) 에비	전복 あわび 아와비
튀김 天ぷら(てんぷら) 뎀뿌라	조개 かい 가이
샌드위치 サンドイッチ 산도잇찌	토스트 トースト 토스트
스테이크 ステーキ 스테-끼	샐러드 サラダ 사라다
스파게티 スパデッティ 스파겟티	피자 ピザ 피자
햄버거 ハンバーガー 함바-가-	돈가스 とんかつ 동까쯔
프라이트 치킨 フライドチキン 후라이도치킨	
새우튀김 エビフライ 에비후라이	

歩いて 何分かかりますか。
　　運賃は いくらですか。
ここから近いですか。

交長

여행 TIP

●● 일본은 신칸센, 특급열차 등 광범위한 철도망을 가지고 있어 일본 전역을 빠르고 편리하게 여행할 수 있다. 일본의 열차는 특실, 금연석, 지정석, 자유석으로 구분되어 있다. 지정석은 정해진 좌석번호가 있고, 자유석은 먼저 앉는 사람이 임자이다. 지정석이 더 비싸지만 JR패스를 이용하는 여행자들은 추가비용 없이 지정석을 이용할 수 있다. 모든 JR역의 미도리노마도구치(みどりの窓口)에서 원하는 날짜와 열차의 지정석을 예약하면 그 자리에서 지정석권을 발급 받을 수 있다.

●● 거미줄처럼 연결되어 있는 지하철은 복잡하긴 하지만 시내 곳곳과 교외를 이어주고 있다. 우리나라와 달리 일본 지하철은 다른 노선의 지하철로 갈아탈 경우 표를 새로 끊어야 하는 불편함도 있다. 표는 자판기의 노선도와 구간별 요금을 확인하고 그 금액만큼 자판기에 돈을 투입한 후 도착지 역명을 누르면 된다.
일본의 버스는 기본요금이 160~190 엔 정도이다. 처음에 버스에 올라타면서 정리표를 뽑고 나중에 내릴 때 요금을 지불한다. 일정구간이 지나면 2,30엔씩 추가요금이 올라가는데, 요금은 전광판에 자신이 뽑은 번호표의 번호로 확인할 수 있다.

●● 이외에도 우리나라에는 없는 전차나 스카이라이너, 관광지 등에 있는 로프웨이, 연락선 등이 교통수단으로 이용되고 있다.

길을 물을 때

∷ 실례합니다.
Excuse me.

すみません。
스미마셍

∷ 기노쿠서점에 가고 싶습니다만.
I'd like to go to the Kinoku bookstore.

紀伊国屋に 行きたいんですが。
기노꾸니야니 이끼따인데스가

∷ 여기서 가깝습니까?
Is it near here?

ここから近いですか
고꼬까라 지까이데스까

∷ 어느 정도 걸립니까?
How long does it take?

どれくらい かかりますか。
도레꾸라이 가까리마스까

∷ 걸어서 갈 수 있는 거리입니까?
Can I walk there?

歩いて いける 距離ですか。
아루이떼 이께루 교리데스까

교통

길을 물을 때

:: 걸어서 몇 분 걸립니까?
How many minutes by walking?

歩いて 何分かかりますか。
아루이떼 남뿡 가까리마스까

:: 곧장 가십시오.
Go straight.

まっすぐに行ってください。
맛스구니잇떼구다사이

| 오른쪽 |
| ひだり |
| 히다리 |

:: 저기서 오른쪽으로 도세요.
Turn right there.

あそこで みぎへ 曲がってください。
아소꼬데 미기에 마갓떼구다사이

:: 지도를 그려줄 수 있습니까?
Could you draw a map for me?

地図を書いてもらえますか。
지즈오 가이떼모라에마스까

:: 길을 잃어버렸습니다.
I got lost on my way.

道に迷ってしまいました。
미찌니 마욧떼시마이마시따

길을 물을 때

:: 지금 있는 장소는 이 지도의 어디입니까?
Where am I in this map?

今いる場所はこの地図のどこですか。

이마이루바쇼와 고노 지즈노 도꼬데스까

:: 여기는 무슨 거리입니까?
What street is this?

ここは なんという 通りですか。

고꼬와 난또이우 도-리데스까

:: 국립박물관은 어떻게 갑니까?
How can I get to the National Museum of Japan?

国立博物館は どう 行けばいいですか。

고꾸리쯔하꾸부쯔깡와 도- 이께바 이-데스까

:: 버스를 타면 편리합니다.
You'd better take a bus.

バスに 乗ったら 便利です。

바스니 놋따라 벤리데스

:: 여기는 어디입니까?
Where are we?

ここは どこですか。

고꼬와 도꼬데스까

교통

버스를 이용할 때

:: **버스정류장은 어디입니까?**
Where is the bus stop?

バス停は どこですか。
바스떼-와 도꼬데스까

:: **곧장 가면 있습니다.**
Go straight.

まっすぐ 行ったら あります。
맛스구 잇따라 아리마스

:: **여기서 가까운 버스정류장은 어디에 있습니까?**
Where is the nearest bus stop?

ここから 近い バス停は どこに ありますか。
고꼬까라 지까이 바스떼-와 도꼬니 아리마스까

:: **몇 번 버스를 타면 됩니까?**
What number bus should I take?

何番の バスに 乗れば いいですか。
남반노 바스니 노레바 이-데스까

시부야
渋谷
시부야
우에노
上野
우에노

:: **오사까 행 버스는 어디에서 탑니까?**
Where can I get the bus to Osaka?

大阪行きの バスは どこで 乗りますか。
오-사까유끼노 바스와 도꼬데 노리마스까

116 바로바로 통하는 여행일본어

버스를 이용할 때

:: 오사까 행 버스는 몇 번입니까?
Which bus goes to the Osaka?

大阪 行きのバスは 何番ですか。

오-사까 유끼노바스와 남반데스까

:: 41 번 버스입니다.
Take the Number 41 bus.

41番のバスです。

욘쥬-이찌반노바스데스

:: 버스는 몇 분마다 있습니까?
How often do the buses run?

バスは 何分ごとに ありますか。

바스와 남뿡고또니 아리마스까

:: 5 분마다 있습니다.
Every 5 minutes.

5分ごとに あります。

고훙고또니 아리마스

:: 요금은 얼마입니까?
How much is the fare?

運賃は いくらですか。

운찡와 이꾸라데스까

교통

교통 117

버스를 이용할 때

:: 이 패스로 탈 수 있나요?
Can I use this card?

このパスで 乗れますか。
고노빠스데 노레마스까

:: 얼마나 걸립니까?
How long does it take?

どれくらい かかりますか。
도레꾸라이 가까리마스까

:: 여기서 몇 정거장이에요?
How many stops before I get off?

ここから いくつ目の停留所ですか。
고꼬까라 이꾸쯔메노데－류－쵸데스까

:: 다음에서 내리세요.
Get off at the next stop.

次で おりてください。
츠기데 오리떼구다사이

:: 여기에서 내립니다.
I'll get off here.

ここで 降ります。
고꼬데 오리마스

버스를 이용할 때

:: 표는 어디에서 살 수 있습니까?
Where can I buy a ticket?

切符は どこで 買えますか。
킵뿌와 도꼬데 가에마스까

:: 오사카까지 왕복 2장 주십시오.
Two round trip tickets to Osaka, please.

大阪まで 往復 2枚 ください。
오-사까마데 오-후꾸 니마이 구다사이

:: 이 버스는 오사카행입니까?
Is this for Osaka?

このバスは 大阪行きですか。
고노바스와 오-사까유끼데스까

:: 이 버스는 오사카까지 직행입니까?
Is this a nonstop bus for Osaka?

このバスは 大阪まで 直行ですか。
고노바스와 오-사까마데 쵹꼬-데스까

:: 갈아타야 합니까?
Do I have to transfer?

乗り換え なければなりませんか。
노리까에 나께레바나리마셍까

교통

지하철을 이용할 때

:: 지하철 노선도를 주세요.
May I have a subway map?

地下鉄の 路線図を ください。

지까떼쯔노 로센즈오 구다사이

:: JR 전철역은 어디입니까?
Where's the JR subway station?

JR駅は どちらですか。

제-아루에끼와 도찌라데스까

:: 표는 어디에서 살 수 있습니까?
Where can I buy a ticket?

きっぷは どこで 買えますか。

깁뿌와 도꼬데 가에마스까

:: 저쪽 표 판매기에서 구입해주세요.
You can get the ticket from the vending machine over there.

あちらの きっぷ販売機で ご購入ください。

아찌라노 깁뿌함바이끼데 고꼬-뉴-구다사이

:: 사는 법을 모르겠습니다만.
Will you show me how to use this vending machine?

買い方が わからないんですが。

가이까따가 와까라나인데스가

지하철을 이용할 때

:: 먼저 돈을 넣고, 이 금액의 버튼을 누르십시오.
Put the money on and press this button

先に お金をいれて、この 金額のボタンを 押してください。
사끼니 오까네오이레떼 고노 깅가꾸노보땅오 오시떼구다사이

:: 오다이바에 가려면 어느 선을 타면 됩니까?
Which line should I take to go to Odaiba?

お台場へ 行くには どの線に 乗ればいいですか。
오다이바에 이꾸니와 도노센니 노레바이-데스까

:: 지하철로 그 곳에 갈 수 있습니까?
Can I take the subway there?

地下鉄で そこに いけますか。
지까떼쯔데 소꼬니 이께마스까

:: 어디서 갈아타면 좋습니까?
Where should I change trains?

どこで 乗り換えれば いいですか。
도꼬데 노리까에레바 이-데스까

:: 신쥬꾸에서 야마노떼센으로 갈아타세요.
You should transfer to the Yamanote line at Shinjuku.

新宿で 山手線に 乗り換えてください。
신쥬꾸데 야마노떼센니 노리까에떼구다사이

교통

교통 121

❖ 지하철을 이용할 때

:: 이 지하철은 미따까에 갑니까?
Is this for Mitaka?

この地下鉄は 三鷹へ 行きますか。

고노지까떼쯔와 미따까에 이끼마스까

:: 서쪽 출구는 어느 쪽입니까?
Where is the west way out?

西口は どちらですか。

니시구찌와 도찌라데스까

:: 신쥬꾸 역은 몇 번째입니까?
How many stops are there to Shinjuku station?

新宿駅は いくつ目ですか。

신쥬꾸에끼와 이꾸쯔메데스까

:: 다음은 하라주꾸 역입니까?
Is the next stop Harajuku station?

次は 原宿 駅ですか。

츠기와 하라쥬꾸에끼데스까

:: 다음은 어디입니까?
What's the next station?

次は どこですか。

츠기와 도꼬데스까

동쪽 출구
東口
히가시구찌

남쪽 출구
南口
미나미구찌

북쪽 출구
北口
기니구찌

중앙출구
中央口
츄-오-구찌

기차를 이용할 때

:: 고베 가는 표 주십시오.
I'd like a ticket to Kobe.

神戸までの 切符ください。
고-베마데노 깁뿌구다사이

:: 지정석으로 부탁합니다.
Assigned seat, please.

指定席で お願いします。
시떼-세끼데 오네가이시마스

자유석
自由席
지유-세끼

:: 급행으로 부탁합니다.
Tickets on express, please.

急行で お願いします。
규-꼬-데 오네가이시마스

:: 더 이른 열차 있습니까?
Do you have an earlier train?

もっと 早い 列車は ありますか。
못또 하야이 렛샤와 아리마스까

:: 오사카행 마지막 신칸센은 몇 시입니까?
What time does the last train for Osaka leave?

大阪行きの 最終の新幹線は 何時ですか。
오-사까유끼노 사이슈-노신깐셍와 난지데스까

교통 123

❖ 기차를 이용할 때

:: 첫 발차하는 신칸센으로 주세요.
I'd like the first train, please.

始発の新幹線で お願いします。
시하쯔노 신깐센데 오네가이시마스

:: 2번 홈은 어디입니까?
Where is platform No. 2?

2番ホームは どこですか。
니반호무와 도꼬데스까

:: 2번 홈은 건너편에 있습니다.
It's across the platform.

2番ホームは 向こう側に ありますか。
니반호무와 무꼬-가와니 아리마스까

:: 이것은 오사카행입니까?
Is this for Osaka?

これは 大阪行きですか。
고레와 오-사까유끼데스까

:: 이 열차 맞습니까?
Is this my train?

この 列車でいいのですか。
고노 렛샤데 이-노데스까

기차를 이용할 때

:: 이 자리는 비어있나요?
Is this seat taken?

この席は空いていますか。
고노 세끼와 아이떼 이마스까

:: 오사까까지 몇 시간 걸립니까?
How many hours to Osaka?

大阪まで 何時間ですか。
오-사까마데 난지깐데스까

:: 표를 보여주십시오.
May I see your ticket?

乗車券を 拝見します。
죠-샤껭오 하이껜시마스

:: 여기 있습니다.
Here it is.

はい、どうぞ。
하이 도-조

:: 여기는 무슨 역입니까?
What station is this?

ここは 何駅ですか。
고꼬와 나니에끼데스까

교통

택시를 이용할 때

:: 택시 승강장은 어디입니까?
　 Where's the taxi stand?

タクシー乗(の)り場(ば)は どこですか。
　 타꾸시-노리바와 도꼬데스까

:: 택시를 불러주십시오.
　 Would you please call a taxi?

タクシーを よんでください。
　 타꾸시-오 욘데구다사이

:: 트렁크를 열어주시겠어요?
　 Would you open the trunk?

トランクを 開(あ)けてください。
　 토랑꾸오 아께떼구다사이

:: 어디까지 가십니까?
　 Where to?

どちらまで でしょうか。
　 도찌라마데 데쇼-까

:: 프린스호텔까지 부탁드립니다.
　 Prince hotel, please.

プリンスホテルまで お願(ねが)いします。
　 푸린스호테루마데 오네가이시마스

택시를 이용할 때

:: 서둘러 주시겠어요?
Could you please hurry?

急いで いただけますか。

이소이데 이따다께마스까

:: 가장 가까운 길로 가 주세요.
Take the shortest way, please.

いちばん 近い 道で 走ってください。

이찌반 치까이 미찌데 하싯떼구다사이

:: 이 주소로 가주십시오.
Take me to this address, please.

この住所へ お願いします。

고노쥬-쇼에 오네가이시마스

:: 저기 건물 앞에 세워주세요.
Stop in front of that building, please.

あの ビルの前で 停めてください。

아노 비루노마에데 도메떼구다사이

:: 여기에서 오른쪽으로 돌아주세요.
Turn right here, please.

ここを 右に 曲がってください。

고꼬오 미기니 마갓떼구다사이

교통

✜ 택시를 이용할 때

:: **여기에서 세워주세요.**
Stop here, please.

ここで 停まってください。

고꼬데 도맛떼구다사이

:: **얼마입니까?**
How much is it?

おいくらですか。

오이꾸라데스까

:: **영수증 필요하십니까?**
Do you need a receipt?

領収書が いりますか。

료-슈-쇼가 아리마스까

:: **영수증 주십시오.**
Please give me a receipt.

領収書 ください。

료-슈-쇼 구다사이

:: **거스름돈은 됐습니다.**
Keep the change.

おつりは 要りません。

오쯔리와 이리마셍

렌터카를 이용할 때

:: **어디서 차를 빌릴 수 있습니까?**
Where can I rent a car?

どこで車を借りられますか。
도꼬데 구루마오 가리라레마스까

:: **차를 1대 빌리고 싶습니다만.**
I'd like to rent a car.

車を一台 借りたいのですが。
구루마오 이찌다이 가리따이노데스가

:: **3일간입니다.**
For three days.

3日間です。
믹까깐데스

:: **어떤 차가 있습니까?**
What kind of cars do you have?

どんな車がありますか。
돈나 구루마가 아리마스까

중형차
中型車
츄-가따샤

스포츠카
スポーツ車
스뽀-쯔샤

:: **소형차를 부탁합니다.**
I'm looking for a small car.

小型車を お願いします。
고가따샤오 오네가이시마스

교통 129

렌터카를 이용할 때

:: 오토매틱밖에 운전하지 못합니다.
I can only drive an automatic.

オートマチックしか 運転できません。
오-또마칙꾸시까 운뗀데끼마셍

:: 요금은 하루 얼마입니까?
What's the charge per day?

料金は 一日 いくらですか。
료-낑와 이찌니찌 이꾸라데스까

:: 보험은 포함되어 있습니까?
Does the price include insurance?

保険は 含まれていますか。
호껭와 후꾸마레떼이마스까

:: 차를 보고 싶습니다만.
Can you show me a car?

車を見たいのですが。
구루마오 미따이노데스가

:: 선불이 필요합니까?
Do I need a deposit?

前金が 必要ですか。
마에낑가 히쯔요-데스까

🍀 렌터카를 이용할 때

:: 보증금은 얼마입니까?
How much is the deposit?

保証金は いくらですか。

호쇼-낑와 이꾸라데스까

:: 도로 지도를 갖고 싶습니다만.
May I have a road map?

道路地図がほしいのですが。

도-로찌즈가 호시-노데스가

:: 여기에 주차할 수 있습니까?
Can I park here?

ここに駐車できますか。

고꼬니 쥬샤데끼마스까

:: 차가 움직이지 못하게 되었습니다.
The car broke down.

車が動か なくなりました。

구루마가 우고까 나꾸나리마시따

:: 근처에 수리 공장이 있습니까?
Is there an auto repair shop nearby?

近くに 修理工場が ありますか。

치까꾸니 슈-리꼬-죠-가 아리마스까

교통

주유소에서

:: 주유소는 어디입니까?
Where's the gas station?

ガソリンスタンドはどこですか。
가소린스딴도와 도꼬데스까

:: 20 리터 넣어 주세요.
20 liters, please.

２０リットル入れてください。
니쥬 - 릿또루 이렛떼 구다사이

:: 가득하게 해 주세요.
Fill it up, please.

満タンにしてください。
만딴니 시떼구다사이

:: 가스가 떨어졌습니다.
I'm all out of gas.

ガスが なくなりました。
가스가 나꾸나리마시따

:: 펑크가 났습니다.
I got a flat tire.

パンクしました。
팡꾸시마시따

割引チケットはありますか。
出発は どこですか。
市内地図は ありますか。

여행 TIP

●● 새로운 도시에 도착하면 가장 먼저 여행정보센터(Tourist Information Center : TIC)를 찾는다. 여행정보센터에서는 외국인 관광객을 위한 무료 팜플렛과 지도, 여행정보 등을 얻을 수 있다. 운영시간은 평일 09:00~17:00, 토요일 09:00~12:00이며, 일요일은 쉰다. 최근에는 한국인 여행객이 늘어나면서 한국인 안내원이 상주하는 곳도 있고, 한국어 안내책자가 비치되어 있는 곳도 있어 여행지에 대한 정보를 얻기가 훨씬 수월해졌다.

●● 박물관이나 미술관을 방문할 예정이라면 개관시간과 휴무여부를 사전에 점검하는 것도 잊지 말아야 한다. 일본에는 수많은 신사(神社)와 절(寺), 성(城), 신궁(神宮), 공원이 있다. 그 많은 곳을 다 둘러보려면 시간이나 입장료가 만만치 않으므로 자신의 여행목적에 맞게 계획을 잘 세워 선별하는 것이 중요하다. 또한 관내에 입장할 때에만 입장료를 받는 곳도 있으므로 주변 경관을 먼저 감상하고 필요한 때에만 입장권만 구입하는 것이 좋다. 입장권을 구입하면서 한국어 팜플렛이 있는지 물어보는 것도 잊지 말자. 대부분 관내에서는 사진촬영이 금지되어 있다.

●● 여행을 하다보면 가까운 거리는 복잡하게 버스를 타지 않고 걷는 것이 나을 때가 있다. 하지만 몇 군데 다니다 보면 걷는 거리도 만만치가 않다. 이럴 때는 자전거를 빌려 타고 다녀보자. 무료로 대여해주는 곳도 있고, 시간당 100엔 정도로 저렴하고 편리하게 이용할 수 있다.

관광안내소에서

:: 관광 안내소는 어디에 있습니까?
Where is the tourist information center?

観光案内所は どこですか。
강꼬-안나이쇼와 도꼬데스까

:: 한국어 팜플렛 있습니까?
Do you have a Korean language brochure?

韓国語のパンフレットは ありますか。
강꼬꾸고노팜후렛또와 아리마스까

:: 시내 지도 있습니까?
Do you have a city map?

市内地図は ありますか。
시나이찌즈와 아리마스까

:: 번화한 곳에 가보고 싶습니다.
I want to go to the downtown.

にぎやかな 所へ 行ってみたいです。
니기야까나 도꼬로에 잇떼미따이데스

:: 이 지역의 관광지는 어디입니까?
What should I see in this city?

この地域の 観光地は どこですか。
고노지-끼노 강꼬-찌와 도꼬데스까

관광 135

관광안내소에서

:: 오사카성입니다.
The Osaka Castle.

大阪城です。
오-사까죠-데스

:: 그것은 이 지도의 어디입니까?
Where's it on this map?

それはこの地図のどこですか。
소래와 고노지즈노 도꼬데스까

:: 교토를 도는 투어가 있습니까?
Do you have a tour of Kyoto?

京都を 回る ツアーが ありますか。
교또오 마와루 츠아-가 아리마스까

:: 반나절코스와 하루코스가 있습니다.
There's a half-day tour and a full-day tour.

半日コースと 一日コースが あります。
한니찌코-스또 이찌니찌코-스가 아리마스

:: 출발은 어디에서 합니까?
Where does it start?

出発は どこですか。
슙빠쯔와 도꼬데스까

관광안내소에서

:: 몇 시에 출발하나요?
What time does it leave?

何時に 出発しますか。
난지니 슛빠쯔시마스까

:: 한국어 가능한 가이드가 있습니까?
Are there any Korean-speaking guides?

韓国語が できる ガイドは いませんか。
강꼬꾸고가 데끼루 가이도와 이마셍까

:: 여기서 표를 살 수 있습니까?
Can I buy a ticket here?

ここで 切符が 買えますか。
고꼬데 깁뿌가 가에마스까

:: 할인 티켓 있나요?
Do you have some discount tickets?

割引チケットは ありますか。
와리비끼치껫또와 아리마스까

:: 지금 축제는 하고 있나요?
Are there any festivals now?

お祭りは やっていますか。
오마쯔리와 얏떼이마스까

자전거를 빌릴 때

:: 어디서 자전거를 빌릴 수 있습니까?
Where can I rent a bicycle?

どこで 自転車を借りられますか。

도꼬데 지뗀샤오 가리라레마스까

:: 자전거를 1대 빌리고 싶습니다만.
I'd like to rent a bicycle.

自転車を一台 借りたいのですが。

지뗀샤오 이찌다이 가리따이노데스가

:: 요금은 한 시간에 얼마입니까?
What's the charge an hour?

料金は 1時間 いくらですか。

료-낑와 이찌지깡 이꾸라데스까

:: 보증금은 얼마입니까?
How much is the deposit?

保証金は いくらですか。

호쇼-낑와 이꾸라데스까

:: 자전거를 3시간 빌리고 싶습니다.
I'd like to rent a bicycle for three hours.

自転車を 3時間 借りたいです。

지뗀샤오 산지깡 가리따이데스

표를 구입할 때

관광

:: 매표소는 어디입니까?
Where is the ticket booth?

切符売り場は どこですか。
きっぷうりば
낍뿌우리바와 도꼬데스까

:: 입장료는 얼마입니까?
How much is the admission?

入場料は いくらですか。
にゅうじょうりょう
뉴-죠-료-와 이꾸라데스까

:: 어른 두 장 주세요.
Two adult, please.

大人 二枚 ください。
おとな にまい
오또나 니마이 구다사이

1장
一枚 いちまい 이찌마이

:: 대학생은 할인됩니까?
Do you offer student discounts?

学生は 割引できますか。
がくせい わりびき
각세-와 와리비끼데끼마스까

:: 단체할인은 있습니까?
Do you have a group discount?

団体割引は ありますか。
だんたいわりびき
단따이와리비끼와 아리마스까

표를 구입할 때

:: 한국어 팜플렛 있습니까?
Do you have a Korean language brochure?

韓国語のパンフレットは ありますか。
강꼬꾸고노팜후렛또와 아리마스까

:: 둘러보는 데 얼마나 걸립니까?
How long will it take a look around?

回るのに どれくらい かかりますか。
마와루노니 도레꾸라이 가까리마스까

:: 기념품은 어디에서 팝니까?
Where is the souvenir shop?

お土産は どこで 売っていますか。
오미야게와 도꼬데 웃떼이마스까

:: 출구는 어디입니까?
Where is the exit?

出口はどこですか。
데구찌와 도꼬데스까

:: 재입관할 수 있습니까?
Can I reenter?

再入館できますか。
사이뉴-깐데끼마스까

관람할 때

관광

:: 저것은 무엇입니까?
What is that?

あれは 何(なん)ですか。
아레와 난데스까

:: 저건 무슨 산입니까?
What is the name of that mountain?

あれは 何(なん)という山(やま)てすか。
아레와 난또이우야마데스까

:: 저 건물은 무엇입니까?
What is that building?

あの建物(たてもの)は 何(なん)ですか。
아노 다떼모노와 난데스까

:: 이 절은 언제 만들어졌습니까?
When was it built?

この お寺(てら)は いつ 建(た)てられましたか。
고노 오떼라와 이쯔 다떼라레마시따까

:: 1347년에 세워졌습니다.
It was built in 1347.

1347年(せんさんびゃくよんじゅうななねん)に 建(た)てられました。
셍산뱌꾸욘나나넨니 다떼라레마시따

관광 141

관람할 때

:: 정말 웅장하군요.
That's magnificent!

とても 雄大ですね。

도떼모 유-다이데스네

:: 천수각에는 어떻게 오릅니까?
How can I get up to the Tenshukaku?

天守閣へは どうやって 上がるのですか。

덴슈까꾸에와 도-얏떼 아가루노데스까

:: 내부를 볼 수 있습니까?
Can I take a look inside?

内部は 見ることができますか。

나이부와 미루코도가떼끼마스까

:: 들어가는 데 돈이 듭니까?
Is there a charge for admission?

入るのにお 金が かかりますか。

하이루노니오 까네가 가까리마스까

:: 가부키를 보고 싶은데요.
I'd like to see a Kabuki?

歌舞伎を 見たいですけど。

가부끼오 미따이데스께도

:: 사진을 찍을 때

관광

:: 이곳에서 사진을 찍어도 됩니까?
May I take a pictures here?

ここで 写真を 撮っても いいですか。

고꼬데 샤싱오 돗떼모 이-데스까

:: 관내에서 사진을 찍어도 됩니까?
May I take a pictures inside?

館内で 写真を 撮っても いいですか。

간나이데 샤싱오 돗떼모 이-데스까

:: 실내에서 촬영은 금지되어 있습니다.
Picture-taking is prohibited inside.

室内での 撮影は 禁止しています。

시쯔나이데노 사쯔에-와 긴시시떼이마스

:: 저랑 같이 사진 찍으실래요?
Could you take a picture with me?

私と いっしょに 写真を 撮りませんか。

와따시또 잇쇼니 샤싱오 도리마셍까

:: 미안하지만, 사진을 찍어주시겠습니까?
Excuse me. Will you take a picture of me?

すみません。写真を 撮っていただけますか。

스미마셍 샤싱오 돗떼이따다께마스까

관광 143

사진을 찍을 때

:: 셔터 좀 눌러주세요.
Please press the shutter for me.

シャッターを 押してください。
샷따-오 오시떼구다사이

:: 이 버튼만 누르시면 됩니다.
Just press this button.

この ボタンを 押すだけで いいです。
고노 보딴오 오스다께데 이-데스

:: 찍습니다. 하이 치즈!
Are you ready? Say "Cheese".

撮りますよ。 はい チーズ！
도리마스요 하이 치-즈

:: 한 장 더 부탁합니다.
One more, please.

もう 一枚 お願いします。
모- 이찌마이 오네가이시마스

:: 당신을 찍어도 될까요?
May I take your picture?

あなたの 写真を 撮ってもいいですか。
아나따노 사싱오 돗떼모이-데스까

144 바로바로통하는 여행일본어

香水を 見せてください。
　　何か お探しですか。
スモールサイズです。

여행 TIP

●● 일본에서는 물건을 구입할 때 모든 제품에 5%의 소비세가 붙는다. 따라서 100엔샵에서 물건을 구매한다면 100엔이 아니라 105엔을 지불해야 하는 것이다. 그러나 내수용이 아닌 것은 여권을 제시하면 소비세를 내지 않아도 된다. 원칙적으로 면세 한도는 30만원 미만이다. 따라서 전자제품 등을 구입할 때는 사전에 면세여부를 꼼꼼히 따져보도록 하자.

●● 일본의 백화점과 편의점은 우리나라와 거의 비슷하게 운영된다. 다만 주류를 판매하는 상점과 그렇지 않은 곳이 있으므로 간판에 '酒'자가 붙어있는지 확인해야 한다. 또 한 가지 다른 곳은 약국이다. 일본은 약국에서 약만 판매하는 것이 아니라 화장품, 샴푸, 치약, 건강식품 등 다양한 제품들을 함께 판매한다.

●● 전자제품을 사려면 아키하바라, 만화에 관심이 있다면 만다라케, 손으로 만드는 것에 관심이 있다면 도큐핸즈에 들러볼 만하다. 또한 할인매장이나 100 엔샵, 중고샵들이 발달되어 있어 다양한 제품의 저렴한 구매가 가능하다. 일본은 벼룩시장도 매우 활성화 되어 있다. 주말마다 각 시군구마다 대회가 없는 경기장이나 경마장, 공원 등지에서 벼룩시장이 열린다.

✤ 상점을 찾을 때

:: 이 도시의 쇼핑가는 어디에 있습니까?
Where is the shopping area in this town?

この町の ショッピング街は どこですか。

고노마찌노 숍핑구가이와 도꼬데스까

:: 근처에 백화점이 있습니까?
Is there a department store nearby?

近くに デパートが ありますか。

치까꾸니 데빠-또가 아리마스까

:: 할인점은 어디에 있습니까?
Where's the discount shop?

ディスカウントショップは どこに ありますか。

디스카운또숍뿌와 도꼬니 아리마스까

:: 개점시간은 몇 시입니까?
What time do you open?

開店時間は 何時ですか。

가이뗀지깡와 난지데스까

> 폐점시간
> 閉店時間
> 헤-뗀지깡

:: 전자제품코너는 어디입니까?
Where's the electric appliances corner?

電気製品コーナーは どちらですか。

뎅키세-힝코-나-와 도찌라데스까

상점을 찾을 때

:: 여성복은 몇 층입니까?
Which floor is the women's clothing on?

婦人服は 何階ですか。
후징후꾸와 낭까이데스까

남성복
紳士服
신시후꾸

:: 이 건물에 스포츠 용품점이 있습니까?
Is there a sporting goods store in this building?

このビルに スポーツ用品店が ありますか。
고노비루니 스뽀-쯔요-힌뗑가 아리마스까

:: 이 백화점에 서점이 있습니까?
Is there a bookstore in this department store?

この デパートに 本屋さんが ありますか。
고노 데빠-또니 홍야상가 아리마스까

:: 이 백화점에 레스토랑은 몇 층에 있습니까?
Which floor is the restaurant in this department store?

この デパートの レストランは 何階に ありますか。
고노 데빠-또노 레스또랑와 낭까이니 아리마스까

:: 에스컬레이터가 어디에 있는지 보이질 않는군요.
I can't find the escalator.

エスカレーターが どこに あるか 見つかりません。
에스까레-따-가 도꼬니 아루까 미쯔까리마셍

물건을 찾을 때

:: 손님, 무엇을 도와드릴까요?
May I help you, sir?

お客様、どのような御用でしょうか。
오캬쿠사마 도노요-나 고요-데쇼-까

:: 뭘 찾으십니까?
What are you looking for?

何か お探しですか。
나니까 오사가시데스까

:: 그냥 보는 거예요.
I'm just looking around.

ちょっと 見ているだけです。
좃또 미떼이루다께데스

:: 저것을 보여 주세요.
Please show me that.

あれを 見せてください。
아레오 미세떼구다사이

:: 향수 좀 보여 주세요.
Show me some perfume, please.

香水を 見せてください。
고-스이오 미세떼구다사이

면도기
ひげそり
히게소리

지갑
財布
사이후

손목시계
腕時計
우데도께-

쇼핑 149

물건을 찾을 때

:: 여기 잠깐 봐 주시겠어요?
Hello. Can you help me?

ちょっと よろしいですか。
좃또 요로시-데스까

:: 아버지 선물을 찾고 있어요.
I'm looking for a gift for my father.

父のプレゼントを 探しています。
지찌노 뿌레젠또오 사가시떼이마스

:: 죄송합니다. 남성용은 취급하지 않습니다.
Sorry. We don't carry men's items.

すみません。男性用は 扱っていません。
스미마셍 단세-요- 와 아쯔깟떼이마셍

:: 어디에서 살 수 있습니까?
Where can I buy it?

では、どこで 買えますか。
데와 도꼬데 가에마스까

:: 백화점이라면 있을 겁니다.
You can find one at the department store.

デパートなら あると 思います。
데빠-또나라 아루또 오모이마스

물건을 고를 때

:: **좀 봐도 될까요?**
May I see it?

ちょっと 見ても いいですか。
좃또 미떼모 이-데스까

:: **특별히 찾는 게 있습니까?**
Is there anything special that you're looking for?

特に お探しのものが ありますか。
도꾸니 오사가시노모노가 아리마스까

:: **어떤 스타일을 찾으세요?**
What kind of style are you looking for?

どのような スタイルを お探しですか。
도노요-나 스타이루오 오사가시데스까

:: **이것은 어떠세요?**
How do you like this one?

これは いかがですか。
고레와 이까가데스까

:: **손님한테 어울릴 것 같은데.**
I think it'll look good on you.

お客さまに お似合いだと 思いますけど。
오갹사마니 오니아이다또 오모이마스께도

쇼핑

물건을 고를 때

:: 이건 좀 너무 화려하군요.
This is too flashy.

これは ちょっと はですぎですね。
고레와 촛또 하데스기데스네

:: 이것보다 수수한 것을 원합니다만.
I'd like a plainer one.

これより じみな ものが ほしいんですが。
고레요리 지미나 모노가 호시인데스가

:: 이런 디자인은 좋아하지 않습니다.
I don't like this design.

この デザインは 好きでは ありません。
고노 데자잉와 스끼데와 아리마셍

:: 다른 디자인으로 보여 주세요.
Please show me another design.

ほかのデザインを みせてください。
호까노데자잉오 미세떼구다사이

:: 이거 어울립니까?
Do I look good in this?

これ 似合いますか。
고레 니아이마스까

물건을 고를 때

:: 입어 봐도 됩니까?
Could I try it on?

着て みても いいですか。
기떼 미떼모 이-데스까

:: 사이즈가 얼마죠?
What's your size?

サイズは おいくつですか。
사이즈와 오이꾸쯔데스까

:: 스몰사이즈입니다.
I wear size small.

スモールサイズです。
스모-루사이즈데스

:: 한 번 입어 보세요.
Please try it on.

着て みて ください。
기떼 미떼 구다사이

:: 탈의실이 어디죠?
Where's the fitting room?

試着室は どこですか。
시짝꾸시쯔와 도꼬데스까

물건을 고를 때

:: 좀 끼이네요.
It's too tight.

ちょっと きついですね。
좃또 기쯔이데스네

> 헐렁하다
> ゆるい
> 유루이

:: 너무 큰데요.
It's too big.

大きすぎます。
오-끼스기마스

:: 딱 맞네요.
It fits perfectly.

ぴったりです。
삣따리데스

:: 좀 더 큰 사이즈 있습니까?
Do you have a bigger one?

もう ちょっと 大きい サイズが ありますか。
모- 좃또 오-끼- 사이즈가 아리마스까

:: 죄송합니다만, 사이즈는 이거 하나입니다.
Sorry. It's the only size.

申し訳は ありませんが、ワンサイズです。
모- 시와께와 아리마셍가 운사이즈데스

물건을 고를 때

:: **어떤 색깔을 원하세요?**
What color do you want?

どのような 色を お探しですか。
도노요-나 이로오 오사가시데스까

:: **빨강과 파랑, 어느 것이 좋으십니까?**
Which do you like better, red or blue?

赤と 青 どちらが よろしいですか。
아까또 아오 도찌라가 요로시-데스까

:: **다른 색상으로 보여 주세요.**
Please show me another color.

色ちがいを 見せてください。
이로찌가이오 미세떼구다사이

:: **다른 색깔은 없나요?**
Do you have this in another color?

色ちがいは ありませんか。
이로찌가이와 아리마셍까

:: **다른 색깔로는 빨강과 검정이 있습니다.**
Besides, we have red and black.

色ちがいで 赤と黒が あります。
이로찌가이데 아까또꾸로가 아리마스

물건을 고를 때

:: **만져 봐도 됩니까?**
Can I feel this one?

触ってみても いいですか。
사왓떼미떼모 이-데스까

:: **이 가죽 진짜입니까?**
Is this genuine leather?

この革 本物ですか。
고노가와 홈모노데스까

:: **이것은 일본제입니까?**
Is this made in Japan?

これは 日本製ですか。
고레와 니혼세-데스까

:: **어느 나라에서 만들어진 것입니까?**
Where was this made?

どの国で 作られたものですか。
도노구니데 츠꾸라레따모노데스까

:: **소재는 무엇입니까?**
What's this made of?

素材は 何ですか。
소자-와 난데스까

물건을 고를 때

:: 디지털 카메라를 보여 주세요.
   Show me a digital camera, please.

デジタルカメラを 見せてください。
데지타루카메라오 미세떼구다사이

:: 노트북을 보여 주세요.
   Show me a notebook computer, please.

ノートパソコンを 見せてください。
노-또빠소꽁오 미세떼구다사이

:: 이것이 최신 상품인가요?
   Is this the latest thing?

これが 最新の商品ですか。
고레가 사이신노쇼-힌데스까

:: 이것은 인기상품입니다.
   This is the most popular brand.

これは 人気商品です。
고레와 닝끼쇼-힌데스

:: 이것은 어느 메이커(회사 제품)입니까?
   What brand is this?

これは どの メーカーの製品ですか。
고레와 도노 메-카-노 세힌데스까

쇼핑 157

물건을 고를 때

:: 질은 괜찮습니까?
Is it good quality?

質は いいですか。
시쯔와 이-데스까

:: 보증(A/S) 은 몇 년간입니까?
How long is the warranty?

保証は 何年間ですか。
호쇼-와 난넹깐데스까

:: 다른 제품도 보여 주세요.
Show me another one, please.

ほかの製品も 見せてください。
호까노 세-힘모 미세떼구다사이

:: 좀더 성능이 좋은 것으로 보여 주세요.
Please show me a better one

もう ちょっと いい機能が ついているのを みせてください。
모- 좃또 이이기노-가 츠이떼이루노오 미세떼구다사이

:: 좀더 싼 것을 보여 주세요.
Please show me a cheaper one.

もう ちょっと 安いのを 見せてください。
모- 좃또 야스이노오 미세떼구다사이

:: 면세점에서

:: 면세점에 가고 싶습니다만.
I'd like to go to the duty free shop.

免税店に 行きたいんですが。

멘제－뗀니 이끼따인데스가

:: 면세점은 어디에 있습니까?
Where's the duty free shop?

免税店は どこに ありますか。

멘제－뗑와 도꼬니 아리마스까

:: 얼마까지 면세가 됩니까?
How much duty free can I buy?

いくらまで 免税に なりますか。

이꾸라마데 멘제－니 나리마스까

:: 이 가게에서는 면세로 살 수 있습니까?
Can I buy things duty free here?

この店では 免税で 買うことができますか。

고노미세데와 멘제－데 가우고또가 데끼마스까

:: 여권을 보여 주세요.
Your passport, please.

パスポートを 見せてください。

파스뽀－또오 미세떼구다사이

쇼핑

물건을 계산할 때

:: 모두 얼마입니까?
How much does that come to altogether?

全部で いくらですか。
젬부데 이꾸라데스까

:: 좀 비싸군요.
It's awfully expensive.

ちょっと 高いですね。
촛또 다까이데스네

:: 깎아주면 사겠습니다.
If you discount I'll buy.

負けてくれたら 買います。
마께떼구레따라 가이마스

:: 세금이 포함된 가격입니까?
Does the price include tax?

税金込みの 値段ですか。
제-킹꼬미노 네당데스까

:: 카드로 지불해도 되죠?
May I use a credit card?

カードで 支払っても いいですか。
카-도데 시하랏떼모 이-데스까

물건을 계산할 때

:: 죄송합니다. 현금만 받습니다.
Sorry. We only take cash.

すみません。現金しか 扱っていません。
스미마셍 겡낀시까 아쯔깟떼이마셍

:: 좀 싸게 해 주실 수 없나요?
Can't you come down just a bit more?

もう少し 安くしてもらえますか。
모 - 스꼬시 야스꾸시떼모라에마스까

:: 계산이 틀리지 않았습니까?
Isn't this bill wrong?

計算が 間違っていませんか。
게 - 상가 마찌갓떼이마셍까

:: 잔돈이 적습니다만.
I think I was short charged.

おつりが 少ないんですが。
오쯔리가 스꾸나인데스가

:: 영수증 주십시오.
Please give me a receipt.

領収書を ください。
료 - 슈 - 쇼오 구다사이

포장 · 배송을 원할 때

:: 선물용으로 포장해 주세요.
Would you gift-wrap this please?

プレゼント用に 包んでもらえますか。
푸레젠또요-니 츠쯘데모라에마스까

:: 이것들을 따로따로 싸 주십시오.
Please wrap them separately.

これらを 別々に 包んでもらえますか。
고레라오 베쯔베쯔니 츠쯘데모라에마스까

:: 배달 가능합니까?
Can I have this delivered?

配達できますか。
하이따쯔데끼마스까

:: 주소를 여기에 써 주세요.
Please write your address here.

ご住所を ここに 書いてください。
고쥬-쇼오 고꼬니 가이떼구다사이

:: 한국 제 주소로 보내주시겠어요?
Could you send it to my address in Korea?

韓国の 私の 住所宛に 送ってもらえますか。
강꼬꾸노 와따시노 쥬-쇼아떼니 오꿋떼 모라에마스까

교환·반품을 원할 때

:: **환불해 주세요.**
I'd like to get a refund on this.

交換 お願いします。
고-깡 오네가이시마스

:: **반품해 주세요.**
I'd like to return this.

返品 お願いします。
헴삥 오네가이시마스

:: **사이즈가 안 맞습니다.**
This size doesn't fit me.

サイズが 合いません。
사이즈가 아이마셍

:: **작동되지 않습니다.**
It's not working properly.

動きません。
우고끼마셍

:: **기스가 있습니다.**
There's a scratch here.

きずが あります。
기즈가 아리마스

❖ 교환·반품을 원할 때

:: **얼룩이 있습니다.**
There's a stain here.

しみが あります。
시미가 아리마스

:: **다른 것으로 교환 가능합니까?**
Can I change this?

別の物に 交換できますか。
베쯔노모노니 고-깐데끼마스까

:: **영수증 가지고 계십니까?**
Do you have a receipt with you?

領収書 お持ちですか。
료-슈-쇼 오모찌데스까

:: **다른 물건과 교환하시겠습니까?**
Would you like to exchange for another one?

ほかの物に 交換しますか。
호까노모노니 고-깐시마스까

:: **환불이 가능한가요?**
Can I get a refund?

払いもどし できますか。
하라이모도시 데끼마스까

山田さんを お願いします。
　　　少々 お待ちください。
いま、電話中です。

∷ 통신

여행 TIP

●● 일본의 공중전화는 농전이나 전화카드를 사용할 수 있으며, 시내전화의 기본요금은 10엔이다. 그러나 국제전화는 전화기에 국제전화(国際電話) 표시가 붙어있는 전화에서만 가능하다. 일본에서 서울 123-4567로 전화할 경우 001-82-2-123-4567로 걸면 된다. 001(혹은 0041이나 061)은 국제전화식별번호로 우리나라와 같고, 82는 국가번호, 2는 서울지역번호인데 '0'은 누르지 않는다.

●● 만일 국제전화를 사용해야 할 일이 있다면 출국 전에 국제전화 선불카드를 구매하는 것이 경제적이다. 일본내 호텔에서 국제전화를 걸 때는 0번이나 9번을 먼저 누른 후 걸면 된다. 한국에 수신자부담으로 전화를 걸 때에는 00539-821(한국통신)이나 00539-822(데이콤)이나 0066-77-822를 누르고 안내에 따르면 된다. 또한 출국 전에 공항에서 핸드폰 로밍서비스를 신청하면 해외에서도 핸드폰사용이 가능하다. 국제전화를 걸 때에는 휴일에도 20% 할인해 주는 할인 요금 시스템이나 심야 할인 시스템을 이용하는 것이 좋다.

●● 일본은 우리나라처럼 PC방이 흔하지 않다. 그러나 한국인들이 많이 사는 지역에서는 쉽게 볼 수 있다. PC방의 가격은 시간당 350~560엔 정도. 선불카드를 구매하는 곳과 사용 시간에 따라 계산하는 후불 형태가 있다.

전화

:: 공중전화는 어디에 있습니까?
Where is the pay phone?

公衆電話は どこに ありますか。
고-슈-뎅와와 도꼬니 아리마스까

:: 먼저 동전을 넣으십시오.
You put the coins in first.

まず先に コインを 入れてください。
마즈사끼니 코잉오 이레떼구다사이

:: 시내전화는 얼마를 넣으면 됩니까?
How much is it for a local call?

市内に 電話するときは いくら いれたら いいですか。
시나이니 뎅와스루또끼와 이꾸라 이레따라 이-데스까

:: 전화 카드는 어디에서 살 수 있습니까?
Where can I get a calling card?

テレホンカードは どこで 買えますか。
테레혼-카도와 도꼬데 가에마스까

:: 이 전화로 시외전화를 할 수 있나요?
Can I make a long-distance call from this phone?

この電話で 長距離電話は かけられますか。
고노뎅와데 쵸-꼬리뎅와와 가께라레마스까

통신

전화

:: 오사까의 지역번호는 몇 번입니까?
What's the area code for Osaka?

大阪の 市外局番は 何番ですか。
오-사까노 시가이교꾸방와 남반데스까

:: 전화번호를 모를 때는 몇 번에 걸면 됩니까?
What number should I dial for information?

電話番号が わからない ときは、何番に かければ いいですか。
뎅와방고-가 와까라나이 도끼와 난반니 가께레바 이-데스까

:: 104에 걸어 물어보십시오.
Dial the 104 and ask.

104に かけて 聞いてください。
이찌제로욘니 가께떼 기-떼구다사이

:: 녹색전화로 국제전화를 걸 수 있습니까?
Can I make an international call from green phone?

みどりいろの電話で 国際電話が かけられますか。
미도리-로노뎅와데 곡사이뎅와가 가께라레마스까

:: 회색전화를 이용하세요.
Use the gray phone.

グレーの電話を 使ってください。
구레-노뎅와오 츠깟데구다사이

전화

:: 야마다 씨 부탁합니다.
May I speak to Mr. Yamada?

山田さんを お願いします。
야마다상오 오네가이시마스

:: 잠시만 기다려 주세요.
Just a moment, please.

少々 お待ちください。
쇼-쇼- 오마찌구다사이

:: 지금 통화중입니다.
He's on another line.

いま、電話中です。
이마 뎅와쮸- 데스

:: 지금 자리에 없습니다.
He's not in at the moment.

いま、席を はずしております。
이마 세끼오 하즈시떼오리마스

:: 메시지를 전해드릴까요?
Can I take a message?

伝言を お預かりしましょうか。
뎅공오 오아즈까리시마쇼-까

전화

:: 나중에 다시 전화하겠습니다.
I'll call again later.

後で、また 電話します。

아또데 마따 뎅와시마스

:: 국제 전화를 걸고 싶습니다.
I'd like to get an international call.

国際電話を かけたいです。

곡사이뎅와오 가께따이데스

:: 콜렉트콜을 이용해 전화하고 싶은데요.
I'd like to make it a collect call, please.

コレクトコールを 使って 電話したいんですが。

코레꾸또꼬-루오 츠깟떼 뎅와시따인데스가

:: 제 방에서 국제전화를 직접 걸 수 있습니까?
Can I make a direct dial call to Korea from my room?

私の部屋から 直接 国際電話を かけられますか。

와따시노 헤야까라 쵸꾸세쯔 곡사이뎅와오 가께라레마스까

:: 한국으로 5분 동안 전화하는 데 얼마입니까?
How much does it cost for five minutes to Korea?

韓国へ 5分ほど 電話すると 料金は どれくらいですか。

강꼬꾸에 고붕호도 뎅와스루또 료-낑와 도레꾸라이데스까

우편

:: 근처에 우체국이 있습니까?
Is there a post office around here?

近くに 郵便局が ありますか。
치까꾸니 유-빙꾜꾸가 아리마스까

:: 이 편지를 한국으로 부치고 싶습니다.
I'd like to mail this letter to Korea.

この 手紙を 韓国に 送りたいです。
고노 데가미오 강꼬꾸니 오꾸리따이데스

:: **빠른우편**으로 부탁합니다.
Express mail, please.

速達で お願いします。
소꾸따쯔데 오네가이시마스

보통우편
普通
후쯔-

통신

:: 내용물은 무엇입니까?
What's inside?

中身は 何ですか。
나까미와 난데스까

:: 깨지기 쉬운 것이 들어있습니다.
This is fragile.

割れ物が 入っています。
와레모노가 하잇떼이마스

우편

:: **소포를 보험에 들겠습니다.**
I'd like to have this parcel insured.

小包に 保険を かけます。
고즈쯔미니 호껭오 가께마스

:: **이 우편요금은 얼마입니까?**
How much is the postage for this?

この 郵便料金は いくらですか。
고노 유-빈료- 낑와 이꾸라데스까

:: **보통우편이면 한국까지 얼마나 걸립니까?**
How long will it take by regular mail to Korea?

普通だと 韓国まで どれくらい かかりますか。
후쯔-다또 강꼬꾸마데 도레꾸라이 가까리마스까

:: **일주일 걸립니다.**
It'll get there a week later.

一週間 かかります。
잇슈-깡 가까리마스

:: **항공편으로 부탁합니다.**
By air mail, please.

航空便で お願いします。
고-꾸-빈데 오네가이시마스

172 바로바로통하는 여행일본어

인터넷

:: 근처에 PC 방이 있습니까?
Is there a Internet cafe around here?

近くに インターネットカフェーが ありますか。
치까꾸니 인따-넷또 까훼-가 아리마스까

:: 요금은 한 시간에 얼마입니까?
What's the charge an hour?

料金は 1時間 いくらですか。
료-낑와 이찌지깡 이꾸라데스까

:: 선불카드가 필요합니까?
Do I need a prepaid card?

プリペードカードが 必要ですか。
푸리뻬-도카-도가 히쯔요-데스까

:: 한국어로 쓰려면 어떻게 합니까?
How do I use Korean?

韓国語で うちこみたいですが どうしたら いいですか。
캉꼬꾸고데 우찌꼬미따이데스가 도-시따라 이-데스까

:: 한국어를 할 줄 아는 분이 계십니까?
Is there anyone here who speaks Korean?

韓国語の 話せる 人が いますか。
캉꼬꾸고노 하나세루 히또가 이마스까

통신

통신

전화 電話(でんわ) 뎅와
공중전화 公衆電話(こうしゅうでんわ) 고-슈-뎅와
휴대전화 携帯電話(けいたいでんわ) 게-따이뎅와
구내전화 構内電話(こうないでんわ) 고-나이뎅와
국제전화 国際電話(こくさいでんわ) 곡사이뎅와
전화번호 電話番号(でんわばんごう) 뎅와방고-
지역번호 市外局番(しがいきょくばん) 시가이교꾸방
전화카드 テレホンカード 테레홍카-도
콜렉트콜 コレクトコール 코레꾸또코-루
수화기 受話器(じゅわき) 쥬와기
우체국 郵便局(ゆうびんきょく) 유-빙꾜꾸
우체통 ポスト 포스또
엽서 はがき 하가끼
편지 手紙(てがみ) 데가미
주소 住所(じゅうしょ) 쥬-쇼
우표 切手(きって) 깃떼
등기 書留(かきとめ) 가끼또메
속달 速達(そくたつ) 소꾸따쯔
전보 電報(でんぽう) 뎀뽀-
소포 小包(こづつみ) 고즈쯔미
국제우편 国際郵便(こくさいゆうびん) 곡사이우-빙
항공편 航空便(こうくうびん) 고-꾸-빙
선편 船便(ふなびん) 후나빙

遺失物係は どこですか。
どうしましたか。
地下鉄に 忘れました。

트러블

여행 TIP

●●여행 중 여권을 분실했을 때는 바로 한국대사관으로 가서 재발급을 받아야 한다. 사진과 현지 경찰관이 발급해준 여권 분실 증명서를 가지고 가면 된다. 사전에 여권 분실시를 대비해 여분의 사진을 준비하고 여권 번호와 발행연월일을 별도로 메모해 두는 것이 좋다. 본인여부 확인 작업을 거쳐야 하기 때문에 여권 재발급에 걸리는 기간은 2주정도이다. 여행 일정에 차질이 생길 수도 있으므로 여권은 분실하지 않도록 각별히 주의하자.

●●항공권을 잃어버렸을 경우는 해당 항공사에 신고를 해야 한다. 역시 분실에 대비해 항공권 번호를 따로 메모해 두는 것이 좋다. 항공권 번호를 모를 경우에는 항공권을 구입한 장소와 연락처를 알려주어야 한다. 약간의 서비스요금을 부담하면 재발권 받을 수 있지만 이 또한 시간이 오래 걸리기 때문에 일정에 차질이 생길 수 있다.

●●사고가 났을 경우에는 공중전화의 긴급전화 버튼인 붉은 버튼을 누르고 110번(경찰)이나 119번(구급차)으로 신고를 하면 된다. 또한 신변에 위급한 상황이 닥쳤을 경우, 한국정부의 도움을 받을 수 있는 외교부의 영사 콜센터는 001-010-800-2100-0404(직통), 또는 00539-821-0(한국인 교환원)이다.

분실·도난당했을 때

:: 분실물 취급소는 어디에 있습니까?
What is the lost and found?

遺失物係は どこですか。
이시쯔부쯔가까리와 도꼬데스까

지갑	항공권
財布	航空券
사이후	고-꾸-껜

여행자 수표
トラベラーズチエック
토라베라-즈첵꾸

:: 여권을 잃어버렸습니다.
I have lost my passport.

パスポートを なくしました。
파스뽀-또오 나꾸시마시따

:: 지하철에 놓고 내렸습니다.
I left something on the bus.

地下鉄で 忘れました。
치까떼쯔데 와스레마시따

:: 어떻게 하면 됩니까?
What should I do?

どうしたら いいですか。
도-시따라 이-데스까

트러블

:: 재발급 수속을 하세요.
Fill out an application for a new one.

再発給の 手続きを してください。
사이학뀨-노 데쯔즈끼오 시떼구다사이

트러블 177

분실·도난당했을 때

:: 재발급이 가능한가요?
Can I get one reissued?

再発給 できますか。
사이학뀨 – 데끼마스까

:: 경찰에 신고는 하셨습니까?
Did you report it to the police?

警察署に 届け出ましたか。
게 – 사쯔쇼 – 니 도도께데마시따까

:: 한국총영사관 전화번호가 몇 번이죠?
What's the Korean Embassy number?

韓国総領事館の電話番号は 何番ですか。
강꼬꾸소 – 료 – 지깡노 뎅와방고 – 와 남반데스까

:: 어디서 잃어버렸습니까?
Where did you lose it?

どこで なくしましたか。
도꼬데 나꾸시마시따가

:: 지갑을 도둑맞았습니다.
I had my wallet stolen.

財布を 盗まれました。
사이후오 누스마레마시따

교통사고가 났을 때

:: 도와주세요.
Help me, please.

助けてください。

다스께떼구다사이

:: 큰일 났습니다.
It's an emergency.

大変でした。

다이헨데시따

:: 구급차를 불러주세요.
Call an ambulance, please.

救急車を よんでください。

규-뀨-샤오 욘데구다사이

:: 무슨 일입니까?
What's the matter?

どうしましたか。

도-시마시따까

:: 교통사고가 났어요.
I had a traffic accident.

交通事故が おきました。

고-쯔-지꼬가 오끼마시따

트러블

교통사고가 났을 때

:: 자동차에 치였습니다.
I was hit by a car.

車と ぶつかりました。
<ruby>くるま</ruby>
구루마또 부쯔까리마시따

:: 괜찮습니까?
Are you all right?

大丈夫ですか。
<ruby>だいじょうぶ</ruby>
다이죠-부데스까

:: 다친 사람이 있습니다.
There is an injured person here.

ケガ人がいます。
<ruby>にん</ruby>
게가닝가이마스

:: 제 친구가 다쳤어요.
My friend was hurt.

友達が けがをしました。
<ruby>ともだち</ruby>
도모다찌가 게가오시마시따

:: 피를 많이 흘렸어요.
He lost a lot of blood.

血が たくさん 出ています。
<ruby>ち</ruby> <ruby>で</ruby>
치가 닥상 데떼이마스

교통사고가 났을 때

:: 구급차를 부를게요.
I'll call an ambulance.

救急車を 呼びます。
규-뀨샤오 요비마스

:: 병원에 데려 가 주세요.
Please take me to the hospital.

病院へ 連れて行ってください。
뵤잉에 츠레떼 잇떼 구다사이

:: 의사를 불러 주세요.
Please call a doctor.

お医者さんを よんでください。
오이샤상오 욘데구다사이

:: 다리가 너무 아파요.
I have a severe leg.

足が とても いたいです。
아시가 도떼모 이따이데스

:: 팔이 부러진 것 같아요.
I think my arm is broken.

腕が 折れたみたいです。
우데가 오레따미따이데스

트러블

병원에서

:: 근처에 병원이 있습니까?
Is there a hospital around here?

この近くに 病院が ありますか。
고노지까꾸니 뵤-잉가 아리마스까

:: 병원은 어디에 있습니까?
Where's the hospital?

病院はどこにありますか。
뵤잉와 도꼬니 아리마스까

:: 내과는 몇 층입니까?
Which floor is the physician?

内科は 何階ですか。
나이까와 낭까이데스까

:: 어떤 증상이 있으시죠?
What are your symptoms?

どんな 症状が ありますか。
돈나 쇼-죠-가 아리마스까

:: 여기가 아픕니다.
I have a pain here.

ここが痛いのです。
고꼬가 이따이노데스

병원에서

:: 열과 기침이 납니다.
I have a fever and a cough.

熱と せきが でます。
네쯔또 세끼가 데마스

:: 설사가 심합니다.
I have bad diarrhea.

下痢が ひどいのです。
게리가 히도이노데스

:: 구토를 합니다.
I feel nauseous.

吐き気がします。
하끼께가시마스

:: 감기에 걸린 것 같습니다.
I think I have a cold.

風邪を 引いたようです。
가제오 히- 따요데스

:: 유행성 독감증상입니다.
I think the flu.

インフルエンザの 症状です。
인후루엔쟈노 쇼-죠-데스

트러블 183

약국에서

:: 진통제를 주세요.
May I have a painkiller?

痛(いた)みどめ ください。

이따미도메 구다사이

:: 반창고를 주세요.
Band-aids, please.

バンドエイドを ください。

반도에이도오 구다사이

:: 소화제를 사고 싶습니다.
I'd like a medicine for indigestion.

消化剤(しょうかざい)を 買(か)いたいんですが。

쇼-까자이오 가이따인데스가

:: 항생제 있습니까?
Do you carry antibiotic?

抗生剤(こうせいざい) ありますか。

고-세-자이 아리마스까

:: 처방전 가져오셨나요?
Do you have a prescription?

処方箋(しょほうせん) お持(も)ちですか。

쇼호-센 오모찌데스까

약국에서

:: 이 약은 처방전이 필요합니다.
These are prescription drugs.

この 薬は 処方箋が いります。
고노 구스리와 쇼호-셍가 아리마스

:: 이 처방전 약을 주세요.
Please get this prescription filled.

この 処方箋の 薬を ください。
고노 쇼호-센노 구스리오 구다사이

:: 이 약은 어떻게 먹습니까?
How do I take this medicine?

この 薬はどうやって 飲むのですか。
고노 구스리와 도-얏떼 노무노데스까

:: 하루 세 번 식사 후 두 알씩 드세요.
Take two tablets three times a day after meal, please.

一日 3回 食後に 2錠 飲んでください。
이찌니찌 산까이 쇼꾸고니 니죠- 논데구다사이

:: 예정대로 여행을 해도 괜찮겠습니까?
Can I travel as scheduled?

予定どおりに 旅行しても かまわないですか。
요떼이도-리니 료꼬-시떼모 가마와나이데스까

트러블

📘 증상

현기증 **めまい** 메마이
두통 **頭痛(ずつう)** 즈쯔ー
두드러기 **じんましん** 짐마신
구토 **吐(は)き気(け)** 하끼께
기침 **せき** 세끼
열 **熱(ねつ)** 네쯔
변비 **便秘(べんぴ)** 벰삐
설사 **下痢(げり)** 게리
타박상 **打撲傷(だぼくしょう)** 다보꾸쇼ー
골절 **骨折(こっせつ)** 곳세쯔
염좌 **捻挫(ねんざ)** 넨자
화상 **やけど** 야께도
아프다 **いたい** 이따이
가렵다 **かゆい** 가유이
따끔따끔하다 **ひりひりする** 히리히리스루
욱신욱신하다 **ずきんずきんする** 즈낀즈낀스루

歩いて 何分かかりますか。
運賃は いくらですか。
ここから近いですか。

귀국

여행 TIP

●●항공권의 예약 확인은 출발 72시간 이전에 항공사의 사무소나 전화로 반드시 재확인을 해야 한다. 재확인을 하지 않으면 예약이 취소될 수도 있다. 그러나 국내에서 미리 발권을 받은 경우라면 상관없다. 출발 2시간 전까지 공항에 나가서 체크인을 하면 된다.

●●출국절차는 해당 항공사 카운터에 가서 여권과 입국시 여권에 붙여 놓았던 출입국카드, 항공권을 제시하면 된다. 수하물이 있다면 함께 체크인하고 수하물인환증을 받아 잘 보관하면 된다.
인천국제공항의 입국 심사는 출국과 반대 순서이다. 도착하면 입국 심사장으로 가서 여권과 출국 때 작성한 출입국 신고서의 나머지 부분을 제시한다. 엑스레이 검사대를 통과하여 1층으로 내려오면 수화물이 도착하는 턴테이블이 있다. 자신이 타고 온 항공편명이 적혀있는 턴테이블에서 짐을 찾아 세관 검사대로 가면된다.

●●세관의 검사대는 녹색의 면세 통로와 빨간색의 과세 통로로 구분되어 있다. 자신에게 해당되는 통로를 선택해 심사대의 심사관에게 여권과 함께 여행자 휴대품 신고서를 제시한다. 신고할 물품이 없는 경우에는 휴대품 신고서를 작성하지 않아도 된다. 심사원이 신고할 물건이 있는지 묻고 가방을 열어보기도 하지만 배낭여행객의 경우는 대개 그냥 통과된다.

예약을 확인할 때

:: 예약 확인을 해 주세요.
I'd like to confirm my reservation.

予約の確認を お願いします。
요야꾸노 가꾸닝오 오네가이시마스

:: 성함과 편명을 말씀해 주십시오.
Your name and flight number, please.

お名前と 便名を どうぞ。
오나마에또 빔메-오 도-조

:: 박민영이고 JAL 262 편입니다.
My name is Min-young Park and JAL 262.

パクミンヨン、JAL262便です
파꾸밍용 자루-니로꾸니빈데스

:: 예약 확인되었습니다.
Your reservation is confirmed.

ご予約 確認いたしました。
고요야꾸 가꾸닝이따시마시따

:: 예약되어 있지 않습니다.
I don't find your name on the flight.

ご予約に されておりません。
고요야꾸니 사레떼오리마셍

귀국

귀국 189

예약을 변경할 때

:: 예약을 변경하고 싶습니다.
I'd like to change my reservation.

予約を 変更したいです。
요야꾸오 헹꼬-시따이데스

:: 어떻게 변경하고 싶습니까?
How do you want to change your flight?

どのように ご変更なさいますか。
도노요-니 고헹꼬-나사이마스까

:: 출발 일을 변경하고 싶습니다.
I'd like to change the date.

出発の日を 変更したいです。
슙바쯔노히오 헹꼬-시따이데스

:: 5일자, 같은 시간 편으로 해 주세요
I'd like to fly on the 5th, on the same flight.

5日の 同じ時間の便で お願いします。
고니찌노 오나시지깐노빈데 오네가이시마스

:: 예약을 했습니다만, 취소하고 싶습니다.
I'd like to cancel my reservation.

予約しましたが、キャンセルしたいです。
요야꾸시마시따가 칸세루시따이데스

탑승수속

:: JAL 카운터가 어디입니까?
Where's the JAL counter?

> ジャルーの カウンターは どちらですか。
> 자루-노 카운타-와 도찌라데스까

:: 항공권과 여권을 주십시오.
May I see your passport and ticket, please?

> 航空券と パスポートを お願いします。
> 고-꾸-껜도 파스뽀-또오 오네가이시마스

:: 창가와 통로 쪽 어느 것으로 하시겠습니까?
Would you like a window seat or an aisle seat?

> 窓側と 通路側 どちらが よろしいですか。
> 마도가와또 츠-로가와 도찌라가 요로시-데스까

:: 창문 쪽으로 부탁드립니다.
A window seat, please.

> 窓側で お願いします。
> 마도가와데 오네가이시마스

:: 짐을 맡기시겠습니까?
Any baggage to check?

> 荷物を 預けますか。
> 니모쯔오 아즈께마스까

귀국

귀국 191

탑승수속

:: 맡길 짐은 없습니다.
I have no baggage to check.

預ける 荷物は ありません。
아즈께루 니모쯔와 아리마셍

:: 기내로 가지고 들어가시겠습니까?
Are you carry on?

機内に 持ち込まれますか。
기나이니 모찌꼬마레마스까

:: 출발 30분 전까지 탑승해 주십시오.
You should board at least 30 minutes before departure.

出発の 30分前までに 搭乗してください。
슙바쯔노 니줍뿐마에마데니 도-죠- 시떼구다사이

:: 탑승시간은 언제입니까?
When is the boarding time?

搭乗時間は 何時からですか。
도-죠-지깡와 난지까라데스까

:: 탑승 게이트는 몇 번입니까?
What's the gate number?

搭乗ゲートは 何番ですか。
도-죠-게-또와 남반데스까

>> 숫자

1	いち	이찌
2	に	니
3	さん	상
4	し, よん	시, 용
5	ご	고
6	ろく	로꾸
7	しち, なな	시찌, 나나
8	はち	하찌
9	きゅう, く	규-, 구
10	じゅう	쥬-
20	にじゅう	니쥬-
30	さんじゅう	산쥬-
40	よんじゅう	욘쥬-
50	ごじゅう	고쥬-
60	ろくじゅう	로꾸쥬-

70	**ななじゅう, しちじゅう**	나나쥬-, 시찌쥬-
80	**はちじゅう**	하찌쥬-
90	**きゅうじゅう**	규-쥬-
100	**ひゃく**	햐꾸
200	**にひゃく**	니햐꾸
300	**さんびゃく**	산뱌꾸
400	**よんひゃく**	용햐꾸
500	**ごひゃく**	고햐꾸
600	**ろっぴゃく**	롭뺘꾸
700	**ななひゃく**	나나햐꾸
800	**はっぴゃく**	핫뺘꾸
900	**きゅうひゃく**	규-햐꾸
1000	**せん, いっせん**	센, 잇센
2000	**にせん**	니센
3000	**さんぜん**	산젠
4000	**よんせん**	욘센

5000	**ごせん**	고센
6000	**ろくせん**	로꾸센
7000	**ななせん**	나나센
8000	**はっせん**	핫센
9000	**きゅうせん**	규-센
10000	**いちまん**	이찌망

>> 년(年)

1년	一年(いちねん)	이찌넹
2년	二年(にねん)	니넹
3년	三年(さんねん)	산넹
4년	四年(よねん)	요넹
5년	五年(ごねん)	고넹
6년	六年(ろくねん)	로꾸넹
7년	七年(ななねん)	나나넹
8년	八年(はちねん)	하찌넹
9년	九年(きゅうねん)	규넹
10년	十年(じゅうねん)	쥬넹
몇 년	何年(なんねん)	난넹

>> 월(月)

1 월	いちがつ	이찌가쯔
2 월	にがつ	니가쯔
3 월	さんがつ	상가쯔
4 월	しがつ	시가쯔
5 월	ごがつ	고가쯔
6 월	ろくがつ	로꾸가쯔
7 월	しちがつ	시찌가쯔
8 월	はちがつ	하찌가쯔
9 월	くがつ	구가쯔
10 월	じゅうがつ	쥬-가쯔
11 월	じゅういちがつ	쥬-이찌가쯔
12 월	じゅうにがつ	쥬-니가쯔
몇 월	何月(なんがつ)	낭가쯔

>> 일(日)

1일	ついたち	츠이따찌
2일	ふつか	후쯔까
3일	みっか	믹까
4일	よっか	욕까
5일	いつか	이쯔까
6일	むいか	무이까
7일	なのか	나노까
8일	ようか	요-까
9일	ここのか	고꼬노까
10일	とおか	도-까
11일	じゅういちにち	쥬-이찌니찌
12일	じゅうににち	쥬-니니찌
13일	じゅうさんにち	쥬-산니찌
14일	じゅうよっか	쥬-욕까
15일	じゅうごにち	쥬-고니찌

16 일	じゅうろくにち	쥬-로꾸니찌
17 일	じゅうしちにち	쥬-시찌니찌
18 일	じゅうはちにち	쥬-하찌니찌
19 일	じゅうくにち	쥬-쿠니찌
20 일	はつか	하쯔까
21 일	にじゅういちにち	니쥬-이찌니찌
22 일	にじゅうににち	쥬-니니찌
23 일	にじゅうさんにち	니쥬-산니찌
24 일	にじゅうよっか	니쥬-욕까
25 일	にじゅうごにち	니쥬-고니찌
26 일	にじゅうろくにち	니쥬-로꾸니찌
27 일	にじゅうしちにち	니쥬-시찌니찌
28 일	にじゅうはちにち	니쥬-하찌니찌
29 일	にじゅうくにち	니쥬-구니찌
30 일	さんじゅうにち	산쥬-니찌
몇 일	何日(なんにち)	난니찌

>> ㄱ

한국어	日本語	발음
가게	店(みせ)	미세
가격	値段(ねだん)	네당
가구	家具(かぐ)	가구
가능하다	できる	데끼루
가다	行く(いく)	이꾸
가방	かばん	가방
가을	秋(あき)	아끼
가족	家族(かぞく)	가조꾸
간호원	看護婦(かんごふ)	강고후
감기약	風邪薬(かぜぐすり)	가제구스리
개찰구	改札口(かいさつぐち)	가이사쯔구찌
객실	客室(きゃくしつ)	갸꾸시쯔
거리	通(とお)り	도-리
거스름돈	おつり	오쯔리
거울	鏡(かがみ)	가가미

건강	元気(げんき)	겡끼
건널목	踏切(ふみきり)	후미끼리
건물	建物(たてもの)	다떼모노
건배	乾杯(かんぱい)	간빠이
건전지	乾電池(かんでんち)	간덴찌
걷다	歩く(あるく)	아루꾸
검사	検査(けんさ)	겐사
검정	黒(くろ)	구로
겉옷, 상의	上着(うわぎ)	우와기
겨울	冬(ふゆ)	후유
견본	見本(みほん)	미홍
결혼	結婚(けっこん)	겟꼬
경찰	警察(けいさつ)	게-사쯔
경찰서	警察署(けいさつしょ)	게-사쯔쇼
계단	階段(かいだん)	가이당
계란	卵(たまご)	다마고

계산	計算(けいさん)	게 – 상
계산	計算書(けいさんしょ)	게 – 산쇼
계절	季節(きせつ)	기세쯔
계획	計画(けいかく)	게 – 까꾸
고기	肉(にく)	니꾸
고따쯔(화로)	こたつ	고따쯔
고장	故障(こしょう)	고쇼 –
고정	固定(こてい)	고떼이
골동품점	骨董屋 (こっとうや)	곳또 – 야
공원	公園(こうえん)	고 – 엥
공중전화	公衆電話(こうしゅうでんわ)	고 – 슈 – 뎅와
공항	空港(くうこう)	구 – 꼬 –
과일	果物(くだもの)	구다모노
관광	観光(かんこう)	강꼬 –
관광지	観光地(かんこうち)	강꼬 – 찌
관람하다	観る(みる)	미루

교차로	交差点(こうさてん)	고-사뗑
교통	交通(こうつう)	고-쯔-
교통사고	交通事故(こうつうじこ)	고-쯔-지꼬
교환	交換(こうかん)	고-깡
구급차	救急車(きゅうきゅうしゃ)	규-뀨-샤
구내전화	構内電話(こうないでんわ)	고-나이뎅와
구두	靴(くつ)	구쯔
국가	国家(こっか)	곡까
국내	国内(こくない)	고꾸나이
국립	国立(こくりつ)	고꾸리쯔
국적	国籍(こくせき)	고꾸세끼
국제	国際(こくさい)	곡사이
국제우편	国際郵便(こくさいゆうびん)	곡사이우-빙
국제전화	国際電話(こくさいでんわ)	곡사이뎅와
극장	劇場(げきじょう)	게끼죠-
근처	近く(ちかく)	치까꾸

금액	金額(きんがく)	깅가꾸
금연석	禁煙席(きんえんせき)	깅엔세끼
금지	禁止(きんし)	긴시
급행	急行(きゅうこう)	규-꼬-
기간	期間(きかん)	기깡
기내	機内(きない)	기나이
기념	記念(きねん)	기넹
기념일	記念日(きねんび)	기넴비
기념품	記念品(きねんひん)	기넹힝
기능	機能(きのう)	기노-
기모노	着物(きもの)	기모노
기쁘다	うれしい	우레시-
기온	気温(きおん)	기옹
기입	記入(きにゅう)	기뉴-
기차	汽車(きしゃ)	기샤
기침	せき	세끼

기호	記号(きごう)	키고ー
긴급	緊急(きんきゅう)	깅뀨ー
길	道(みち)	미찌
길다	長い(ながい)	나가이
김	のり	노리
김밥	のりまき	노리마끼
김치	キムチ	기무찌
깁스	ギブス	기부스
꽃	花(はな)	하나
꽃가게	花屋(はなや)	하나야
꿈	夢(ゆめ)	유메

>> ㄴ

나무	木(き)	키
나쁘다	悪い(わるい)	와루이
나이프	ナイフ	나이후
낚시	つり	쯔리

난방	暖房(だんぼう)	담보-
날씨	天気(てんき)	뎅끼
남	南(みなみ)	미나미
남성	男性(だんせい)	단세-
남자	男(おとこ)	오또꼬
남쪽 출구	南口(みなみぐち)	미나미 구찌
낮	昼(ひる)	히루
내용	内容(ないよう)	나이요-
내용물	中身(なかみ)	나까미
내일	明日(あした)	아시따
냄비	鍋(なべ)	나베
냉방	冷房(れいぼう)	레-보-
냉방 장치	クーラー	쿠-라-
냉장고	冷蔵庫(れいぞうこ)	레-조-꼬
넓다	広い(ひろい)	히로이
넥타이	ネクタイ	네꾸따이

년	年(ねん)	넹
노랑	黄色(きいろ)	기-로
노선도	路線図(ろせんず)	로센즈
노트	ノート	노-또
노트북	ノートパソコン	노또빠소꽁
녹색	緑色(みどりいろ)	미도리-로
녹차	緑茶(りょくちゃ)	료꾸쨔
눈	目(め)	메
눈	雪(ゆき)	유끼
늦다	遅い(おそい)	오소이

〉〉 ㄷ

다리미	アイロン	아이롱
다음	次(つぎ)	쯔기
단체	団体(だんたい)	단따이
단풍	紅葉(もみじ)	모미지
달러	ドル	도루

닭고기	とりにく	도리니꾸
닭꼬치	焼き鳥(やきとり)	야끼도리
담배	たばこ	다바고
당일치기	日帰(ひがえ)り	히가에리
대단하다	すごい	스고이
대문	門もん	몬
대사관	大使館(たいしかん)	다이시깡
대한항공	大韓航空(だいかんこうくう)	다이깡꼬-꾸-
덥다	暑い(あつい)	아쯔이
덮밥	丼(どんぶり)	돔부리
도난	盗難(とうなん)	도-난
도둑	泥棒(どろぼう)	도로보-
도로	道路(どうろ)	도-로
도착	到着(とうちゃく)	도-쨔꾸
독감	インフルエンザ	인후루엔쟈
돌아가다(오다)	帰る(かえる)	가에루

기본표현 209

돕다	手伝う(てつだう)	데쯔다우
동	東(ひがし)	히가시
동물원	動物園(どうぶつえん)	도-부쯔엥
동전	コイン	코잉
돼지	ぶた	부따
돼지고기	豚肉(ぶたにく)	부따니꾸
된장	味噌(みそ)	미소
된장국	味噌汁(みそしる)	미소시루
뒤	後(うしろ)	우시로
드라이클리닝	ドライクリーニング	도라이꾸리-닝구
듣다	聞く(きく)	기꾸
등	背中(せなか)	세나까
등기	書留(かきとめ)	가끼또메
등산	登山(とざん)	도잔
디자인	デザイン	데자잉
디저트	デザート	데자-또

디지털 카메라	デジタルカメラ	데지타루카메라
따뜻하다	あたたかい	아따따까이

>> ㄹ

라디오	ラジオ	라지오
라면	ラーメン	라-멘
립스틱	口紅(くちべに)	구찌베니

>> ㅁ

마시다	飲(の)む	노무
마을, 동네	町(まち)	마찌
만나다	会う(あう)	아우
만두	饅頭(まんじゅう)	만쥬-
많다	多い(おおい)	오-이
말하다	話す(はなす)	하나스
맛	味(あじ)	아지
맛있다	おいしい	오이시-
매일	毎日(まいにち)	마이니찌

매점	売店(ばいてん)	바이뗑
매진	品切(しなぎ)れ	시나끼레
매표소	切符売(きっぷう)り場(ば)	깁뿌우리바
맥주	ビール	비-루
맥주	ビル	비루
맵다	辛い(からい)	가라이
머리	頭(あたま)	아따마
머리카락	髪(かみ)	가미
머플러	マフラー	마후라
먹다	食べる(たべる)	다베루
먼저	先に(さきに)	사끼니
메뉴	メニュー	메뉴-
메모	メモ	메모
메밀국수	そば	소바
메시지	メッセージ	멧세-지
메이커	メーカー	메이까-

면도기	剃刀(かみそり)	가미소리
면세점	免税店(めんぜいてん)	멘제-뗑
면세품	免税品(めんぜいひん)	멘제-힝
면허	免許(めんきょ)	멩꾜
명물	名物(めいぶつ)	메-부쯔
명소	名所(めいしょ)	메-쇼
모닝콜	モーニングコール	모-닝구코-루
모자	帽子(ぼうし)	보-시
모포	毛布(もうふ)	모-후
목	首(くび)	구비
목걸이	ネックレス	넥꾸레스
목적	目的(もくてき)	모꾸떼끼
무게	重(おも)さ	오모사
무릎	膝(ひざ)	히자
무엇	何(なん)	난
무척	とても	도떼모

문	ドア	도아
물	水(みず)	미즈
물건	物(もの)	모노
물수건	おしぼり	오시보리
미술관	美術館(びじゅつかん)	비쥬쯔깡
미용실	美容院(びよいん)	비요-잉
민박	民宿(みんしゅく)	민슈꾸

>> ㅂ

바다	海(うみ)	우미
바람	風(かぜ)	가제
바쁘다	忙(いそが)しい	이소가시-
바지	ズボン	즈봉
박람회	博覧会(はくらんかい)	하꾸랑까이
박물관	博物館(はくぶつかん)	하꾸부쯔깡
박수	拍手(はくしゅ)	하꾸슈
밖	外(そと)	소또

반대	反対(はんたい)	한따이
반지	指輪(ゆびわ)	유비와
반창고	バンドエイド	반도에이도
반품	返品(へんぴん)	헴삥
발	足(あし)	아시
발급	発給(はっきゅう)	학뀨-
발목	足首(あしくび)	아시꾸비
발송인	発送人(はっそうにん)	핫소-닌
발신음	発信音(はっしんおん)	핫싱옹
발전	発展(はってん)	핫뗑
밤	夜(よる)	요루
밥	ご飯(はん)	고항
방	部屋(へや)	헤야
방면	方面(ほうめん)	호-멩
방향	方向(ほうこう)	호-꼬-
배(과일)	梨(なし)	나시

배(교통)	船(ふね)	후네
배(신체)	お腹(なか)	오나까
배경	背景(はいけい)	하이께-
배달	配達(はいたつ)	하이따쯔
백화점	デパート	데빠-또
버스	バス	바스
버튼, 단추	ボタン	보땅
번호	番号(ばんごう)	방고-
베개	枕(まくら)	마꾸라
변경	変更(へんこう)	헹꼬-
변기	便器(べんき)	벵끼
변비	便秘(べんぴ)	벰삐
변하다, 바뀌다	変る(かわる)	가와루
병맥주	瓶(びん)ビール	빙비-루
병원	病院(びょういん)	뵤-잉
보관소	保管所(ほかんしょ)	호깐쇼

보내다	送(おく)る	오꾸루
보다	見る(みる)	미루
보석	宝石(ほうせき)	호-세끼
보통	普通(ふつう)	후쯔-
보험	保険(ほけん)	호껭
보험증	保険証(ほけんしょう)	호껜쇼-
복숭아	桃(もも)	모모
볼펜	ボールペン	보-루뺑
봄	春(はる)	하루
봉투	封筒(ふうとう)	후-또-
부부	夫婦(ふうふ)	후-후
부상	負傷(ふしょう)	후쇼-
부엌	台所(だいどころ)	다이도꼬로
부작용	副作用(ふくさよう)	후꾸사요-
부재중	留守中(るすちゅう)	루스쮸-
북	北(きた)	기따

북쪽 출구	北口(きたくち)	기따구찌
분실	紛失(ふんしつ)	훈시쯔
불고기	焼肉(やきにく)	야끼니꾸
뷔페	バイキング	바이낑구
블라우스	ブラウス	브라우스
비	雨(あめ)	아메
비누	石鹸(せっけん)	섹껭
비상구	非常口(ひじょうぐち)	히죠-구찌
비싸다	高(たか)い	다까이
비옷	レインコート	레잉코-또
비용	費用(ひよう)	히요-
비자	ビザ	비자
비즈니스석	ビズネス席(せき)	비즈네스세끼
비행기	飛行機(ひこうき)	히꼬-끼
빌딩	ビル	비루
빌리다	借(か)りる	가리루

빨강	赤(あか)	아까
빵	パン	팡
빵집	パン屋(や)	팡야

>> ㅅ

사고	事故(じこ)	지꼬
사과	りんご	링고
사다	買う(かう)	가우
사람	人(ひと)	히또
사무실	事務室(じむしつ)	지무시쯔
사용중	使用中(しようちゅう)	시요-쮸-
사용하다	使う(つかう)	쯔까우
사이	間(あいだ)	아이다
사전	辞書(じしょ)	지쇼
사진	写真(しゃしん)	샤싱
사진관	写真館(しゃしんかん)	샤싱깡
사탕	飴(あめ)	아메

산	山(やま)	야마
산책	散歩(さんぽ)	삼뽀
상가	商店街(しょうてんがい)	쇼-뗑가이
상냥하다	やさしい	야사시-
상점	商店(しょうてん)	쇼-뗑
상품	商品(しょうひん)	쇼힝
새	鳥(とり)	도리
새우	海老(えび)	에비
색깔	色(いろ)	이로
샌드위치	サンドイッチ	산도잇찌
샐러드	サラダ	사라다
생맥주	生(なま)ビール	나마비-루
생선	魚(さかな)	사까나
생선회	刺身(さしみ)	사시미
생일	誕生日(たんじょうび)	단죠-비
생활	生活(せいかつ)	세-까쯔

한국어	日本語	발음
생활용품	生活用品(せいかつようひん)	세-까쯔요-힝
서	西(にし)	니시
서류	書類(しょるい)	쇼루이
서명, 싸인	サイン	사잉
서양요리	洋食(ようしょく)	요-쇼꾸
서점	本屋(ほんや)	홍야
서쪽 출구	西口(にしくち)	니시꾸찌
선금	前金(まえきん)	마에낑
선물	プレゼント	푸레젠또
선물(토산품)	お土産(みやげ)	오미야게
선반	棚(たな)	다나
선생님	先生(せんせい)	센세-
선풍기	扇風機(せんぷうき)	센부-끼
설명	説明書(せつめいしょ)	세쯔메-쇼
설사	下痢(げり)	게리
설탕	砂糖(さとう)	사또-

기본표현 221

성격	性格(せいかく)	세-까꾸
세관	税関(ぜいかん)	제-깐
세금	税金(ぜいきん)	제-낑
세면대	洗面台(せんめんだい)	셈멘다이
세면장	洗面所(せんめんじょ)	셈멘죠
세탁	洗濯(せんたく)	센따꾸
세탁기	洗濯機(せんたくき)	센따꾸끼
세트	セット	셋또
센터	センター	센타-
셔츠	シャツ	샤쯔
셔터	シャッター	샷따-
소금	塩(しお)	시오
소방서	消防署(しょうぼうしょ)	쇼-보-쇼
소스	ソース	소-스
소주	焼酎(しょうちゅう)	쇼-쮸-
소포	小包(こづつみ)	고즈쯔미

소화제	消化剤(しょうかざい)	쇼-까자이
속달	速達(そくたつ)	소꾸따쯔
속도	速度(そくど)	소꾸도
손	手(て)	테
손가락	指(ゆび)	유비
손님	お客(きゃく)さん	오꺄상
손목시계	腕時計(うでどけい)	우데도께-
손톱깎이	爪(つめ)きり	쯔메끼리
쇠고기	牛肉(ぎゅうにく)	규-니꾸
쇠고기덮밥	牛丼(ぎゅうどん)	규-동
수건	タオル	타오루
수리	修理(しゅうり)	슈-리
수면	睡眠剤(すいみんざい)	스이민자이
수박	すいか	스이까
수속	手続き(てつづき)	데쯔즈끼
수수료	手数料(てすうりょう)	데스-료-

기본표현 223

수족관	水族館(すいぞくかん)	스이조꾸깐
수취인	受取人(うけとりにん)	우께또리닌
수표	小切手(こぎって)	고깃떼
수화기	受話器(じゅわき)	쥬와기
숙박	宿泊(しゅくはく)	슈꾸하꾸
숟가락	さじ	사지
술집	酒屋(さかや)	사까야
숲	森(もり)	모리
쉬다	休(やす)む	야스무
슈퍼마켓	スーパー	스-빠-
스포츠	スポーツ	스포-츠
슬리퍼	スリッパ	스립빠
승강장	昇(の)り場(ば)	노리바
시각표	時刻表(じこくひょう)	지꼬꾸효-
시간	時間(じかん)	지깡
시간표	時間表(じかんひょう)	지깡효-

시계	時計(とけい)	도께 -
시내	市内(しない)	시나이
시원하다, 선선하다	すずしい	스즈시 -
시장	市場(いちば)	이찌바
시청	市役所(しやくしょ)	시야꾸쇼 -
시합	試合(しあい)	시아이
시험	試験(しけん)	시껜
식당	食堂(しょくどう)	쇼꾸도 -
식료품	食料品(しょくりょうひん)	쇼꾸료 - 힝
식사	食事(しょくじ)	쇼꾸지
식염수	食塩水(しょくえんすい)	쇼쿠엔스이
식욕	食欲(しょくよく)	쇼꾸요꾸
식탁	食卓(しょくたく)	쇼꾸따꾸
신고	申告(しんこく)	싱꼬꾸
신문	新聞(しんぶん)	심붕
신발(구두)	靴(くつ)	구쯔

기본표현 225

신분증	身分証(みぶんしょう)	미분쇼-
신제품	新品(しんぴん)	심삥
신칸센	新幹線(しんかんせん)	싱깐센
신호	信号(しんごう)	싱고-
신혼여행	新婚旅行(しんこんりょこう)	싱꼰료-꼬-
실내	室内(しつない)	시쯔나이
실례	失礼(しつれい)	시쯔레-
심사	審査(しんさ)	신사
싱글룸	シングルルーム	싱구루루-무
싸다	安い(やすい)	야스이
쓰다	書く(かく)	가꾸

>> ㅇ

아래	下(した)	시다
아시아나항공	アシアナ航空(こうくう)	아시아나고-꾸-
아이스커피	アイスコーヒー	아이스코-히-
아침	朝(あさ)	아사

아프다	痛(いた)い	이따이
안경	眼鏡(めがね)	메가네
안내	案内(あんない)	안나이
안내소	案内所(あんないしょ)	안나이쇼
안색	顔色(かおいろ)	가오이로
안약	目薬(めぐすり)	메구스리
안전벨트	シートベルト	시-또베루또
안쪽	中(なか)	나까
앉다	座る(すわる)	스와루
알다	知る(しる)	시루
앞	前(まえ)	마에
액체	液体(えきたい)	에끼따이
야간	夜間(やかん)	야깐
야경	夜景(やけい)	야께-
야채	野菜(やさい)	야사이
약	薬(くすり)	구스리

약국	薬局(やっきょく)	약꾜꾸
약속	約束(やくそく)	약소꾸
양말	靴下(くつした)	구쯔시따
양파	たまねぎ	다마네기
어깨	肩(かた)	가따
어른	大人(おとな)	오또나
어린이	子供(こども)	고도모
어묵	おでん	오뎅
얼굴	顔(かお)	가오
얼룩	しみ	시미
얼음	氷(こおり)	고−리
여관	旅館(りょかん)	료깐
여권	パスポート	파스뽀−또
여러분, 모두	みなさん	민나상
여름	夏(なつ)	나쯔
여성	女性(じょせい)	쇼세−

여자	女(おんな)	온나
여행	旅行(りょこう)	료꼬—
여행자수표	トラベラーズチェック	토라베라—즈첵꾸
역	駅(えき)	에끼
연극	演劇(えんげき)	엥게끼
연락	連絡(れんらく)	렌라꾸
연락처	連絡先(れんらくさき)	렌라꾸사끼
연못	池(いけ)	이께
연주	演奏(えんそう)	엔소—
연필	鉛筆(えんぴつ)	엠삐쯔
연휴	連休(れんきゅう)	렝뀨—
열	熱(ねつ)	네쯔
열다	開(あ)ける	아께루
열쇠	かぎ	가기
열차	列車(れっしゃ)	렛샤
엽서	はがき	하가끼

기본표현 229

영리하다	かしこい	가시꼬이
영수증	領収書(りょうしゅうしょ)	료-슈-쇼
영어	英語(えいご)	에-고
영업중	営業中(えいぎょうちゅう)	에-교-쮸
영화	映画(えいが)	에-가
영화관	映画館(えいがかん)	에-가깡
옆	横(よこ)	요꼬
예쁘다	きれいだ	끼레이다
예약	予約(よやく)	요야꾸
예정	予定(よてい)	요떼이
오늘	今日(きょう)	교-
오다	来る(くる)	구루
오렌지	オレンジ	오렌지
오른쪽	右(みぎ)	미기
오전	午前(ごぜん)	고젱
오후	午後(ごご)	고고

온천	温泉(おんせん)	온센
옷	服(ふく)	후꾸
옷장	たんす	단스
와인	ワイン	와인
왕복	往復(おうふく)	오 – 후꾸
외교관	外交官(がいこうかん)	가이꼬 – 깡
외국어	外国語(がいこくご)	가이꼬꾸고
외국인	外国人(がいこくじん)	가이꼬꾸징
외롭다	さびしい	사비시 –
왼쪽	左(ひだり)	히다리
요금	料金(りょうきん)	료 – 낑
요리, 음식	料理(りょうり)	료 – 리
용건	要件(ようけん)	요 – 껭
용기	勇気(ゆうき)	유 – 끼
용무	用事(ようじ)	요 – 지
용지	用紙(ようし)	요 – 시

우동	うどん	우동
우산	傘(かさ)	가사
우유	牛乳(ぎゅうにゅう)	규-뉴-
우체국	郵便局(ゆうびんきょく)	유-빙꾜꾸
우체통	ポスト	포스또
우표	切手(きって)	깃떼
운동	運動(うんどう)	운도-
운전	運転手(うんてんしゅ)	운뗀슈
원숭이	さる	사루
원하다	願(ねが)う	네가우
웨이터	ウェーター	웨-타-
위	上(うえ)	우에
위스키	ウィスキー	위스키-
위장약	胃腸薬(いちょうやく)	이쯔-야꾸
위치	位置(いち)	이찌
유료	有料(ゆうりょう)	유-료-

유스호스텔	ユースホステル	유-스호스테루
유원지	遊園地(ゆうえんち)	유 - 엔찌
유적지	遺跡地(いせきち)	이세끼찌
유치원	幼稚園(ようちえん)	요 - 찌엔
유행성 독감	インフルエンザ	인후루엔쟈
은행	銀行(ぎんこう)	깅꼬-
은행원	銀行員(ぎんこういん)	깅꼬-잉
음료	飲(の)み物(もの)	노미모노
음식	食(た)べ物(もの)	다베모노
음악	音楽(おんがく)	옹가꾸
응접실	応接室(おうせつま)	오-세쯔마
의견	意見(いけん)	이껜
의미	意味(いみ)	이미
의사	医師(いしゃ)	이샤
의자	椅子(いす)	이스
이, 치아	歯(は)	하

기본표현 233

이륙	離陸(りりく)	리리꾸
이름	名前(なまえ)	나마에
이발소	床屋(とこや)	도꼬야
이불	布団(ふとん)	후똥
이어폰	イヤホン	이야홍
이용료	利用料(りようりょう)	리요-료-
이유	理由(りゆう)	리유-
인터넷	インターネット	인따-넷또
인테리어	インテリア	인테리아
일	仕事(しごと)	시고또
일기	天気(てんき)	뎅끼
일기예보	天気予報(てんきよほう)	뎅끼요호-
일반석	一般席(いっぱんせき)	입빤세끼
일본	日本(にほん)	니혼
일본어	日本語(にほんご)	니홍고
일식, 일본음식	和食(わしょく)	와쇼꾸

일정	日程(にってい)	닛떼-
읽다	読む(よむ)	요무
입	口(ぐち)	구찌
입구	入(い)り口(ぐち)	이리구찌
입국	入国(にゅうこく)	뉴-꼬꾸
입원	入院(にゅういん)	뉴-잉
입장료	入場料(にゅうじょうりょう)	뉴-죠-료-

>> ㅈ

자동차	自動車(じてんしゃ)	지뗀샤
자동카메라	オートカメラ	오-토카메라
자리	席(せき)	세끼
자유석	自由席(じゆうせき)	지유-세끼
자전거	自転車(じてんしゃ)	지뗀샤
자켓	ジャケット	쟈켓또
잔돈	小銭(こぜに)	고제니
잡지	雑誌(ざっし)	잣시

기본표현 235

장갑	手袋(てぶくろ)	데부꾸로
장마	梅雨(つゆ)	쯔유
장소	場所(ばしょ)	바쇼
장어	うなぎ	우나기
장어덮밥	うなぎどん	우나기동
재발급	再発給(さいはっきゅう)	사이학뀨-
재확인	再確認(さいかくにん)	사이까꾸닝
저녁	今晩(こんばん)	곰방
저녁식사	夕食(ゆうしょく)	유-쇼꾸
전골	すきやき	스끼야끼
전기밥솥	炊飯器(すいはんき)	스이항끼
전문점	専門店(せんもんてん)	셈몬뗑
전보	電報(でんぽう)	뎀뽀-
전복	あわび	아와비
전자계산기	電卓(でんたく)	덴따꾸
전자렌지	電子(でんし)レンジ	덴시렌지

전자수첩	電子手帳(でんしてちょう)	덴시떼
전자제품	電化製品(でんかせいひん)	뎅까세-힝
전철	電車(でんしゃ)	덴샤
전철	電鉄(でんてつ)	덴떼쯔
전파	電波(でんぱ)	뎀빠
전화	電話(でんわ)	뎅와
전화번호	電話番号(でんわばんごう)	뎅와방고-
전화카드	テレホンカード	테레홍카-도
절	お寺(てら)	데라
젊다	若い(わかい)	와까이
점원	店員(てんいん)	뎅잉
접수처	受付(うけつけ)	우께쯔께
접시	皿(さら)	사라
젓가락	お箸(はし)	오하시
정가	定価(ていか)	데-까
정기권	定期券(ていきけん)	데-끼껜

정류장	停留所(ていりゅうじょ)	데 - 류 - 죠
정보	情報(じょうほう)	죠 - 호 -
정식	定食(ていしょく)	데 - 쇼꾸
정오	正午(しょうご)	쇼 - 고
정원	庭園(ていえん)	데 - 엔
정월, 설	正月(しょうがつ)	쇼 - 가쯔
정지	停止(ていし)	데 - 시
제과점	お菓子屋(かしや)	오까시야
제안	提案(ていあん)	데 - 안
제품	製品(せいひん)	세 - 힝
조개	かい	가이
조미료	調味料(ちょうみりょう)	죠 - 미료 -
조식(아침식사)	朝食(ちょうしょく)	죠 - 쇼꾸
졸업	卒業(そつぎょう)	소쯔교 -
종업원	従業員(じゅうきょういん)	쥬 - 교 - 인
종이	紙(かみ)	가미

좋다	いい	이 -
좌석	座席(ざせき)	자세끼
좌회전	左折(させつ)	사세쯔
주말	週末(しゅうまつ)	슈 - 마쯔
주먹밥	おにぎり	오니기리
주문	注文(ちゅうもん)	쥬 - 몬
주사	注射(ちゅうしゃ)	쥬 - 샤
주소	住所(じゅうしょ)	쥬 - 쇼
주식회사	株式会社(かぶしきがいしゃ)	가부시끼가이샤
주유소	ガソリンスタンド	가소린스딴도
주차금지	駐車禁止(ちゅうしゃきんし)	츄 - 샤낀지
주차장	駐車場(ちゅうしゃじょう)	츄 - 샤죠
중국어	中国語(ちゅうごくご)	츄 - 고꾸고
중앙출구	中央口(ちゅうおうくち)	츄 - 오 - 구찌
중화요리	中華料理(ちゅうかりょうり)	츄 - 까료 - 리
증명서	証明書(しょうめいしょ)	쇼 - 메 - 쇼

증상	症状(しょうじょう)	쇼-죠-
지갑	財布(さいふ)	사이후
지금	今(いま)	이마
지도	地図(ちず)	치즈
지불	支払(しはら)い	시하라이
지역	地域(ちいき)	지이끼
지정석	指定席(していせき)	시떼-세끼
지폐	札(さつ)	사쯔
지하	地下(ちか)	지까
지하철	地下鉄(ちかてつ)	지까떼쯔
직업	職業(しょくぎょう)	쇼꾸교-
직행	直行(ちょっこう)	쵸꼬-
진단서	診断書(しんだんしょ)	신단쇼
진찰실	診察室(しんさつしつ)	신사쯔시쯔
진통제	鎮痛剤(ちんつうざい)	진쯔-자이
짐	荷物(にもつ)	니모쯔

집	家(いえ)	이에
>> ㅊ		
차(교통)	車(くるま)	구루마
차(음료)	お茶(ちゃ)	오챠
착륙	着陸(ちゃくりく)	챠꾸리꾸
참치	まぐろ	마구로
창	窓(まど)	마도
창구	窓口(まどぐち)	마도구찌
책	本(ほん)	홍
책상	机(つくえ)	츠꾸에
처방전	処方箋(しょほうせん)	쇼호-센
청소	掃除(そうじ)	소-지
청소기	掃除機(そうじき)	소-지끼
체류	滞在(たいざい)	다이자이
체육관	体育館(たいいくかん)	다이이꾸깐
체크아웃	チェックアウト	첵꾸아우또

기본표현 241

체크인	チェックイン	첵꾸인
초대	招待(しょうたい)	쇼따이
초등학교	小学校(しょうがっこう)	쇼-각꼬-
초밥	寿司(すし)	스시
총영사관	総領事館(そうりょうじかん)	소-료-지깡
촬영	撮影(さつえい)	사쯔에-
최악	最悪(さいあく)	사이아꾸
추가	おかわり	오까와리
추천요리	おすすめ	오스스메
축구	サッカ	삭까
축제	祭り(まつり)	마쯔리
출구	出口(でぐち)	데구찌
출국	出国(しゅっこく)	슉꼬꾸
출발	出発(しゅっぱつ)	슙빠쯔
출입금지	立入禁止(たちいりきんし)	다찌이리낀시
춥다	寒い(さむい)	사무이

충치	虫歯(むしば)	무시바
취소	キャンセル	키세루
취향	好(この)み	고노미
친구	友達(ともだち)	도모다찌
친절	親切(せんせつ)	센세쯔
친척	親戚(しんせき)	신세쯔
침대	ベッド	벳도
침실	寝室(しんしつ)	신시쯔
칫솔	歯(は)ブラシ	하부라시

>> ㅋ

커피	コーヒー	코-히-
컵	コップ	콥뿌
콜라	コーラ	코-라
콜렉트콜	コレクトコール	코레꾸또코-루
쾌속	快速(かいそく)	가이소꾸
클리닝, 세탁	クリーニング	쿠리-닝구

키, 열쇠	キー	키-

>> ㅌ

타다	乗(の)る	노루
타박상	打撲傷(だのくしょう)	다보꾸쇼-
탈의실	試着室(しちゃくしつ)	시쨔꾸시쯔
탑승권	搭乗券(とうじょうけん)	도-죠-껜
태풍	台風(たいふう)	다이후-
택시	タクシー	타꾸시-
터미널	ターミナル	타-미나루
테니스	テニス	테니스
테이블	テーブル	테-부루
텔레비전	テレビ	테리비
통로	通路(つうろ)	쯔-로
통화중	通話中(つうわちゅう)	쯔-와쮸-
튀김	天ぷら(てんぷら)	뎀뿌라
트렁크	トランク	토랑꾸

트윈룸	ツインルーム	쯔인루-무
>> ㅍ		
파랑	青(あお)	아오
팔	腕(うで)	우데
팜플렛	パンフレット	팡후렛또
패스트푸드	ファーストフード	화-스또후-도
팩스	ファックス	확꾸스
퍼센트	パーセント	파-센또
퍼스널컴퓨터	パソコン	파소꼰
펜	ペン	펜
편명	便名(びんめい)	빔메-
편의점	コンビニ	콤비니
편지	手紙(てがみ)	데가미
포도	葡萄(ぶどう)	부도-
포장	包装(ほうそう)	호-소-
포크	フォーク	포-꾸

표	きっぷ	깁뿌
풀장(수영장)	プール	푸 - 루
품절	品切(しなぎれ)	시나기레
프런트	フロント	후론또
프로그래머	プログラマー	푸로구라마-
프린터	プリンタ	푸린따-
플래시	フラッシュ	후랏슈
플롯	フルート	후루-또
피아노	ピアノ	피아노
피자	ピザ	피자
피해	被害(ひがい)	히가이
필름	フィルム	휘루무
필요	必要(ひつよう)	히쯔요-

〉〉 ㅎ

| 하늘 | 空(そら) | 소라 |
| 하루 | 一日(いちにち) | 이찌니찌 |

학교	学校(がっこう)	각꼬 -
학생	学生(がくせい)	각 - 세
한국	韓国(かんこく)	강꼬꾸
한국어	韓国語(かんこくご)	강꼬꾸고
한국인	韓国人(かんこくじん)	강꼬꾸진
한자	漢字(かんじ)	간지
할인	割引(わりびき)	와리비끼
항공권	航空券(こうくうけん)	고 - 꾸 - 껜
항공편	航空便(こうくうびん)	고 - 꾸 - 빈
항생제	抗生剤(こうせいざい)	고 - 세 - 자이
햄버거	ハンバーガー	함바 - 가 -
행복	幸せ(しあわせ)	시아와세
향수	香水(こうすい)	고 - 스이
헤드폰	ヘッドホン	헷도혼
헤어드라이어	ヘアドライヤー	헤아도라이야 -
현관	玄関(げんかん)	겡깡

현금	現金(げんきん)	겡낑
현기증	めまい	메마이
현재	現在(げんざい)	겐자이
형제	兄弟(きょうだい)	쿄-다이
호수	湖(みずうみ)	미즈-미
호텔	ホテル	호테루
홈	ホーム	호-무
화장실	トイレ	토이레
화장품	化粧品(けしょうひん)	게쇼-힝
확인	確認(かくにん)	가꾸닌
환불	払(はら)い戻(もど)し	하라이모도시
환승	乗(の)り換(か)え	노리까에
환율	為替(かわせ)レート	가와세레-또
환전	両替(りょうがえ)	료-가에
회사원	会社員(かいしゃいん)	가이샤인
회색	グレー	그레이

회원	会員(かいいん)	가이인
횡단보도	横断歩道(おうだんほどう)	오-당호도-
휴게실	休憩室(きゅうけいしつ)	규-게-시쯔
휴관일	休館日(きゅうかんび)	규-깐비
휴대전화	携帯電話(けいたいでんわ)	게-따이뎅와
휴일	休日(きゅうじつ)	규-지쯔
흡연석	喫煙席(きつえんせき)	기쯔엔세끼

>> 동경 지하철 주요역명

도꾜	東京
심바시	新橋
시부야	渋谷
하라쥬꾸	原宿
요요기	代代木
신쥬꾸	新宿
신오-꾸보	新大久保
이케부꾸로	池袋
닛뽀리	日暮里
우에노	上野
아키하바라	秋葉原
긴자	銀座
간다	神田

>> 오사카 지하철 주요역명

오사까	大阪
신오사까	新大阪
오사까조꼬엔	大阪城公園
모리노미야	森ノ宮
혼마찌	本町
우메다	梅田
신사이바시	心済橋
도톰보리	道頓掘
남바	難波
덴노지	天王寺
니뽐바시	日本橋

>> 일본의 주요 지명

한글	한자
도꾜	東京
닛꼬	日光
하꼬네	箱根
요꼬하마	横浜
가마꾸라	鎌倉
센다이	仙台
아오모리	青森
오사까	大阪
교또	京都
나라	奈良
이카루가	斑鳩
히메지	姫路
고베	神戸
산노미야	三の宮
히로시마	広島

미야지마	宮島
오까야마	岡山
구라시끼	倉敷
나고야	名古屋
다까야마	高山
마쓰모또	松本
나가노	長野
후꾸오까	福岡
하까다	博多
다자이후	太宰府
나가사끼	長崎
운젠	雲仙
구마모또	熊本
아소	阿蘇
벳부	別府
가고시마	鹿児島

미야자끼	宮崎
삿포로	札幌
오따루	小樽
하꼬다떼	函館
도야꼬	洞爺湖
노보리베쓰	登別

>> 물건

하나	一つ(ひとつ)	히또쯔
둘	二つ(ふたつ)	후따쯔
셋	三つ(みっつ)	밋쯔
넷	四つ(よっつ)	욧쯔
다섯	五つ(いつつ)	이쯔쯔
여섯	六つ(むっつ)	뭇쯔
일곱	七つ(ななつ)	나나쯔
여덟	八つ(やっつ)	얏쯔
아홉	九つ(ここのつ)	고꼬노쯔
열	十(とお)	도 -
몇	いくつ	이꾸쯔

바로바로 통하는 여행일본어

초판 1쇄 인쇄 2005년 6월 22일
개정 11쇄 발행 2018년 1월 17일

지은이 | 안수산
펴낸이 | 양봉숙
편 집 | 김희정
디자인 | viewmark™

펴 낸 곳 | 예스북
출판등록 | 2005년 3월 21일 제320-2005-25호
주   소 | 서울시 마포구 서강로 131 신촌아이스페이스 1107호
전   화 | (02) 337-3054
팩   스 | 0504-190-1001
E-mail | yesbooks@naver.com
홈페이지 | www.e-yesbook.co.kr

ISBN 978-89-956675-3-2 00730